||| **Micro** Application

e - P o c h e

Java ... t

www. microapp .com

Auteur

Jean-Christophe GIGNIAC

MICRO APPLICATION
20,22 rue des Petits-Hôtels
75010 PARIS
Tél. : (01) 53 34 20 20 - Fax : (01) 53 24 20 00
http://www.microapp.com
Support Technique :
Tél. : (01) 53 34 20 46 - Fax : (01) 53 34 20 00
E-mail : info-ma@microapp.com

 3056

Mister O'net, l'homme à la référence, vous montre le chemin !
Rendez-vous sur le site Internet de Micro Application www.microapp.com. Dans le module de recherche, sur la page d'accueil du site, retrouvez Mister O'net. Dans la zone de saisie, entrez la référence à 4 chiffres qu'il vous indique sur le présent livre. Vous accédez directement à la fiche produit de ce livre.

Avant-propos

La collection *E-Poche* fournit des connaissances essentielles sur un sujet donné sans jamais s'éloigner de leur application pratique. Les volumes de la collection sont basés sur une structure identique :

■ Les puces introduisent une énumération ou des solutions alternatives.

1. La numération accompagne chaque étape d'une technique.

Remarque

Propose conseils et trucs pratiques.

Astuce

Il s'agit d'informations supplémentaires relatives au sujet traité.

Attention

Met l'accent sur un point important, souvent d'ordre technique, qu'il ne faut négliger à aucun prix.

Afin de faciliter la compréhension des techniques décrites, nous avons adopté les conventions typographiques suivantes :

■ **Gras** : menu, commande, boîte de dialogue, onglet, bouton, touche.
■ *Italique* : rubrique, zone de texte, liste déroulante, case à cocher, bouton d'option.
■ Courier : instruction, listing, adresse Internet, texte à saisir.

Chapitre 1	**Les bases du JavaScript**	**17**
1.1	Placer un script dans une page web	20
	La balise <SCRIPT>	20
1.2	Les variables	25
	Définition	25
	Restriction	25
	Comment déclarer une variable	26
	Les différents types de variables	26
	Portée d'une variable	28
1.3	Les tableaux	30
	Déclaration de tableau	31
	Indexation	31
	Longueur d'un tableau	33
	Tableaux multidimensionnels	33
1.4	Les opérateurs	34
	Les opérateurs de calcul	35
	Les opérateurs d'assignation	36
	Les opérateurs d'incrémentation	37
	Les opérateurs de comparaison	37
	Les opérateurs logiques	38
	Les opérateurs de concaténation	39
1.5	Les structures conditionnelles	39
	L'instruction conditionnelle if...else	39
	L'instruction conditionnelle switch	40
1.6	Les boucles	42
	L'instruction while	42
	L'instruction for	44
1.7	Les fonctions et méthodes de JavaScript	46
	Différence entre fonction et méthode	46
	Déclaration d'une fonction	46
	Portée des variables	48
	Les méthodes de JavaScript	50
1.8	La notion d'objet	50
	La classe Navigator	52
	La classe screen	55
	La classe window	57
1.9	Les objets dits "built-in"	74
	L'objet String	74
	L'objet Date	78
	L'objet Math	82

1.10	Les événements		84
	Intégrer un événement à un élément de la page		84
	Liste des événements		85

Chapitre 2   **Exemples de scripts** **89**

2.1	Un rollover		91
	Le script		91
	Compatibilité		91
	Explications		92
2.2	Ouvrir une nouvelle fenêtre (popup)		94
	Compatibilité		95
	Les paramètres de la méthode window.open		95
	Les différentes possibilités d'affichage		96
	Écrire dans une popup		98
	Je vous ai montré mes photos de vacances ?		99
2.3	Une nouvelle barre de navigation		103
	Le script		103
	Compatibilité		104
	Explications		104
2.4	Largeur de l'écran		105
	Compatibilité		108
2.5	Vérification avant validation du formulaire		108
	Le script		108
	Compatibilité		109
	Explications		109
2.6	Maximiser la fenêtre automatiquement		111
	Compatibilité		112
2.7	Gestion de bannières		112
	Le script		113
	Compatibilité		114
	Explications		114
2.8	L'heure et la date en images		120
	Compatibilité		120
	Le script		121
2.9	Textes aléatoires		126
	Le script		126
	Compatibilité		127
	Explications		127
2.10	Afficher le temps restant jusqu'à une date		129
	Compatibilité		132

2.11 Vérifier une adresse e-mail 132
     Le script 132
     Compatibilité 133
     Explications 133
2.12 Jeu : le plus ou moins 135
     Compatibilité 138
     Le code HTML 139
     Début du jeu: initialisation du script 139
     Phase de jeu: annulation de la partie 141
     Effacement du score 141
     Validation d'un essai 142
     Enregistrement d'un score : record() 144
2.13 Un message différent suivant l'heure 146
     Le script 146
     Compatibilité 146
     Explications 147
2.14 Affichons les phases de la Lune 148
2.15 Affichage de page en fonction du navigateur 153
     Le script 155
     Explications 156

Chapitre 3   **Plus loin** **157**

3.1 Différences Internet Explorer et Netscape 4 159
    Les principales différences 159
    Les fonctions internes à Netscape 160
    Les fonctions internes à Internet Explorer 163
3.2 Plus loin avec l'objet Math 166
    Les propriétés de l'objet Math 167
    Les différentes méthodes 169
    Logarithmes et exponentielles 171
    Générer des nombres aléatoires 171
    Vous aussi, vous aimez la trigonométrie ? 173
    Les limites de JavaScript 174
3.3 Devenir maître du temps : l'objet Date 175
    Rappel 176
    Premier exercice : affichage de la date de façon lisible 176
3.4 Un peu plus compliqué : les vendredi 13 178
3.5 Les minuteries 181
    setInterval() 181
    clearInterval() 183
    setTimeout() 185

clearTimeout() 187

3.6   Les cookies 188
       Définition 188
       Les paramètres d'un cookie 188
       Utilisation 190
       Exemple de script : le nom du visiteur et son nombre de
       passages 192

3.7   Débogage 196
       Voir les messages d'erreur 196
       Exemples de messages d'erreur 199

3.8   Plus loin dans les événements JavaScript 199
       Liste des différents événements 200
       Quelques exemples 201

Chapitre 4   Introduction au DHTML 207

4.1   Qu'est-ce que le DHTML ? 209

4.2   Le DOM 210
       Hiérarchie du DOM 210
       Atteindre un élément 211
       Modifier un élément 212

4.3   Méthodes et propriétés du DOM 217
       Le DHTML et les applications graphiques : <DIV> et
       <SPAN> 219

Chapitre 5   Exemples de scripts DHTML 225

5.1   Un texte qui fait des vagues 227
       Le script complet 230

5.2   Afficher un texte au passage de la souris 231
       Première étape : créer le tableau HTML 232
       Deuxième étape : créer une fonction pour écrire dans le
       <DIV></DIV> 233
       Troisième étape : détecter le survol d'un lien par la souris et
       lancer la fonction 233
       Le script complet 234

5.3   Une image qui suit le curseur 235
       Première étape : créer deux images 236
       Deuxième étape : placer l'image comme objet DHTML 236
       Troisième étape : détecter les mouvements de la souris ... 238
       Quatrième étape : déplacer l'image 240
       Cinquième étape : les yeux qui regardent le curseur 243
       Le script complet 244

5.4 Afficher le détail d'un lien 245

Première étape : placer le cadre de description dans la page . 246

Deuxième étape : déplacer notre cadre suivant les
mouvements de la souris 246

Troisième étape : créer une fonction pour faire apparaître et
remplir le cadre de description 247

Quatrième étape : créer une fonction pour faire disparaître
le cadre 248

Le script complet 249

5.5 Une image qui se promène 250

Le script complet 258

5.6 Menu dynamique 260

Première étape : poser le problème 261

Deuxième étape : Architecture des sous-menus dans un
tableau JavaScript 263

Troisième étape : créer une fonction pour afficher les
sous-menus 264

Quatrième étape : créer le tableau contenant le menu
principal 267

Dernière étape : effacer le sous-menu lors d'un clic sur le
fond de la page 268

Le script complet 269

Chapitre 6   **Le JavaScript sur le Web** **273**

6.1 Banques de scripts 275

6.2 Liste de discussion 276

6.3 Forums 276

6.4 Usenet 276

Chapitre 7   **Index** **279**

Introduction

Qu'est-ce que JavaScript

Le JavaScript est un langage de programmation développé par Netscape afin de dynamiser les pages Internet en y incorporant des scripts directement interprétés par le navigateur. Ces scripts aident à la navigation entre les pages, et ils les rendent bien plus attractives en y ajoutant des animations, des effets de texte, d'images...

JavaScript est un langage simple, comparé aux autres langages du Web (PHP, perl, C), et orienté objet. Au fur et à mesure de votre lecture de cet ouvrage, vous vous apercevrez du potentiel de ce langage, mais sachez qu'une majorité de sites Internet incorporent d'ores et déjà du code JavaScript dans leurs pages et que plus de 90 % des internautes possèdent un navigateur qui comprend le JavaScript. Le succès de ce langage n'est donc plus à démontrer, surtout dans un univers comme celui d'Internet, dans lequel il est difficile d'imposer des standards. De plus en plus utilisé, JavaScript est à présent devenu indispensable à tout webmaster.

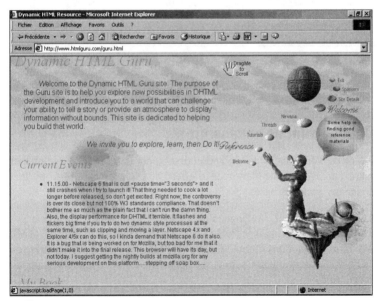

▲ Fig. 1.1 : *Le site htmlguru.com avant...*

JavaScript ne nécessite pas de logiciel supplémentaire à télécharger, à l'inverse de technologies comme Flash ou Shockwave, et c'est encore un atout supplémentaire pour ce langage. De plus, il est contrôlé au niveau sécurité, ce qui en fait un langage sûr quasiment à 100 %.

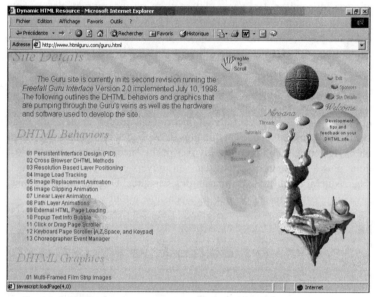

▲ Fig. 1.2 : ... et après. Les planètes ont bougé, ainsi que la statue... Merci, JavaScript !

Connaissances nécessaires

Avant de vous lancer dans l'apprentissage du JavaScript, d'agrémenter votre site web d'une multitude d'effets divers et variés, il vous faut connaître quelques bases.

Les bases du HTML, le langage universel d'Internet qui décrit les pages du Web, vous sont indispensables. Pas besoin d'être un maître ès HTML 4.0, mais des notions comme les tags HTML, les balises, les frames (ou cadres), les formulaires seront indispensables à la compréhension du JavaScript.

Conseil

> **Des problèmes avec le HTML ?**
> Connectez-vous et rendez-vous aux adresses suivantes, elles vous seront sûrement utiles.
> La description officielle du HTML 4.0 : www.w3.org/TR/WD-html40-970708/.
> Le site anglophone de référence : www.htmlreference.com.
> Un site francophone sur le HTML : www.grr.ulaval.ca/grrwww/manuel/manuelhtml.html.

Matériel nécessaire

Les besoins logiciels pour la conception de script ne sont pas particulièrement excessifs : un éditeur et un navigateur, c'est tout. Le test des scripts pouvant se faire en local, vous n'êtes pas obligé d'être connecté à Internet.

L'éditeur

L'éditeur est un logiciel qui va vous permettre de taper votre code JavaScript. S'il est tout à fait possible d'écrire ses programmes avec le Bloc-notes de Windows, sachez qu'il existe tout de même quelques logiciels plus performants, vous proposant, par exemple, de l'aide à la conception de vos scripts ou encore une coloration automatique de votre syntaxe pour une plus grande visibilité.

Petite sélection d'éditeurs

Voici une petite liste d'éditeurs sympathiques, en mode texte, gérant le HTML comme le JavaScript.

Tab 1.1 : Quelques éditeurs en mode texte			
Éditeur	Caractéristiques	Prix	Téléchargement
Web-Expert	Excellent dans tous les domaines (HTML, JavaScript, DHTML...), ce logiciel en français est un des plus utilisés. En plus, c'est un très bon tutoriel JavaScript pour les trous de mémoire !	445 F	www.visic.com/webexpert

Tab 1.1 : Quelques éditeurs en mode texte			
Éditeur	**Caractéristiques**	**Prix**	**Téléchargement**
Ultra Edit	Un éditeur assez simple et en français.	30 $	www.ultraedit.com
Edit Plus	Un bon éditeur, sympathique, pas trop cher et léger, mais en anglais.	30 $	www.editplus.com

N'hésitez pas à consulter aussi les CD-Rom offerts dans les magazines spécialisés Internet, vous trouverez souvent des éditeurs en version d'évaluation.

Vous pouvez bien entendu éditer vos scripts sur d'autres logiciels dits "WYSIWYG", comme FrontPage ou Dreamweaver.

Insérer un script avec FrontPage

Bien que ce logiciel ne soit pas forcément ce qui se fait de mieux pour la création de JavaScript, il est tout à fait possible de travailler avec. Il suffit pour cela de passer en mode HTML, grâce à l'onglet du même nom en bas de l'écran, et on peut ainsi attaquer directement le code source de la page.

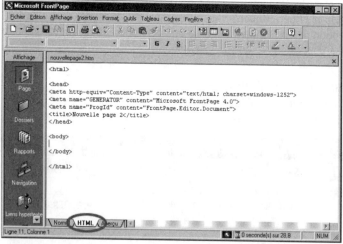

▲ Fig. 1.3 : *Passez en mode HTML pour pouvoir écrire vos scripts*

Insérer un script avec Dreamweaver

Là, il vous faudra passer en mode Code pour pouvoir insérer vos scripts.
Pour cela, cliquez dans le menu **Affichage** (ou **View**) et sélectionnez
l'option *Code*.

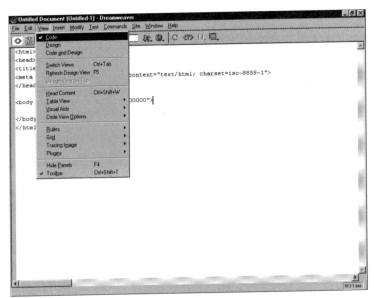

▲ Fig. 1.4 : *Passez en mode Code pour éditer vos scripts*

Le navigateur

Pour tester vos scripts, il faudra vous équiper du maximum de navigateurs
différents, car tous ne sont pas forcément compatibles entre eux. Vous
éviterez ainsi à vos visiteurs d'être accueillis par des messages d'erreurs !

Remarque

Pas deux IE !

Malheureusement, il est impossible d'installer plusieurs versions d'Internet Explorer sur la même ma-
chine. Le meilleur moyen est de disposer de plusieurs postes, mais ce n'est pas toujours possible !

Remarque

> Essayez alors de trouver sur Internet d'autres per-
> sonnes disposant d'une version IE différente de la
> vôtre, en passant par exemple par les mailing-lists
> ou les newsgroups.

Vous trouverez ci-dessous les adresses auxquelles télécharger les navigateurs les plus répandus.

Tab. 1.2 : Adresses de téléchargement des principaux navigateurs	
Navigateur	**Adresse de téléchargement**
Internet Explorer 5.5	`download.microsoft.com/download/ie55/install/5.5/` `win98/fr/ie5setup.exe` (Windows)
Netscape 6	`home.netscape.com/fr/download/index.html`
Netscape 4	`home.netscape.com/download/archive/` `client_archive4x.html`
Opéra 6	`www.opera.com/download/`

Vous trouverez aussi ces navigateurs sur les CD-Rom livrés avec
quelques magazines Internet. Cela vous épargnera quelques heures de
téléchargement.

Chapitre 1

Les bases du JavaScript

1.1 Placer un script dans une page web 20

1.2 Les variables 25

1.3 Les tableaux 30

1.4 Les opérateurs 34

1.5 Les structures conditionnelles 39

1.6 Les boucles 42

1.7 Les fonctions et méthodes de JavaScript 46

1.8 La notion d'objet 50

1.9 Les objets dits "built-in" 74

1.10 Les événements 84

Chapitre 1

Les bases
du JavaScript

JavaScript est un langage de script, c'est-à-dire qu'il permet d'écrire des applications. Il a été créé par Netscape et n'a aucun rapport avec le langage Java de Sun. Il est utilisé exclusivement sur Internet, et les seuls interpréteurs qui l'exécutent sont les navigateurs tels Netscape ou Internet Explorer.

Netscape 2.0 fut le premier navigateur à implémenter JavaScript, dans sa version 1.0. Le JavaScript révolutionnait le HTML, en permettant d'ajouter de l'interactivité à la page et de ne plus naviguer uniquement sur des pages statiques tout en étant un langage de programmation assez simple.

Microsoft intègre lui aussi JavaScript dans son navigateur, Internet Explorer, en y ajoutant à chaque version des fonctionnalités nouvelles.

En 1996, le comité ECMA tente d'unifier JavaScript et de restreindre un nombre important de versions différentes et incompatibles, en créant la norme *ECMA-262*, également appelée *ECMAScript*.

Hélas, JavaScript n'est toujours pas unifié, et les voies empruntées par Microsoft et par Netscape ne cessent de s'écarter, à tel point que l'on parle désormais de JavaScript pour Netscape et de *Jscript* pour Microsoft.

Les différences se situent surtout au niveau du DHTML (à partir de HTML 4.0), qui devient totalement incompatible entre les deux navigateurs concurrents.

Une norme ISO (ISO-16262) est actuellement en cours de création, afin d'unifier JavaScript.

Le JavaScript en est désormais à la version 1.3, et la 1.4 débarquera bientôt dans nos navigateurs.

Tab. 1.1 : Historique des versions de Javascript	
Version	Navigateurs prenant en compte cette version
JavaScript 1.0	Netscape 2.0, Explorer 3.0
JavaScript 1.1	Netscape 3.0, Explorer 4.0
JavaScript 1.2	Netscape 4.0, Explorer 5.0
JavaScript 1.3	Netscape 4.06 et 4.7, Explorer 5.5

En 2001, 83 % des utilisateurs surfent avec IE 5.0, 6,5 % avec IE 4.0, 5,5 % avec Netscape 4.0.

JavaScript 1.1 est donc interprété par 95 % des internautes et JavaScript 1.2, par près de 90 %. À vous de voir si les implémentations nouvelles des dernières versions (que nous ne manquerons pas d'étudier) sont assez importantes ou pas pour refuser certains navigateurs.

Lorsqu'une implémentation de JavaScript dans tel ou tel navigateur donnera lieu à des résultats différents, nous notifierons la différence sur ce point. Toutefois, dans la première partie de l'ouvrage, le navigateur employé n'aura que très peu de répercussions sur les scripts, seule la section DHTML vous obligera réellement à écrire "un code Netscape" et "un code Internet Explorer".

Remarque

Liens utiles

Le site de Netscape : developper.netscape.com/docs/.
La spécification ECMAScript : developper.netscape
.com/library/javascript/e262-pdf.pdf.
Microsoft Scripting Technologies : msdn.microsoft
.com/scripting/default.htm.
Le W3C : www.w3c.org.

1.1 Placer un script dans une page web

Il existe plusieurs façons de placer et de déclarer un programme JavaScript au sein d'une page web. Tout dépend en fait du programme lui-même.

La balise <SCRIPT>

Syntaxe

La syntaxe la plus courante pour intégrer du JavaScript est la suivante :

```
<SCRIPT LANGUAGE="JavaScript">
le script est placé ici
</SCRIPT>
```

De cette façon, le navigateur comprend que le code placé entre les deux balises est à interpréter comme étant du JavaScript.

Il est aussi possible de déclarer dans quelle version du langage le script a été écrit, en l'ajoutant dans l'attribut LANGUAGE de la balise <SCRIPT>.

Exemple :

```
<SCRIPT LANGUAGE="JavaScript1.2">
document.write('Ce navigateur comprend le JavaScript 1.2') ;
</SCRIPT>
```

Ainsi, seuls les navigateurs compatibles avec la version 1.2 de JavaScript (voir le tableau des navigateurs) interpréteront le code compris entre les deux balises <SCRIPT>.

La ligne document.write('Ce navigateur comprend le JavaScript 1.2'); indique simplement au navigateur d'écrire « Ce navigateur comprend le JavaScript 1.2» dans la page HTML.

Si celui-ci n'est pas compatible avec JavaScript 1.2, il n'exécutera pas la commande et, par conséquent, n'affichera rien sur la page.

Vous pouvez aussi stocker votre code dans un fichier externe à votre page. Cette fonctionnalité est très intéressante dans le cas où votre script doit être présent sur de nombreuses pages de votre site. Ainsi, les modifications effectuées dans le script contenu dans ce fichier externe seront automatiquement répercutées sur l'ensemble de vos pages.

Exemple :

```
<SCRIPT LANGUAGE="JavaScript" SRC="votrescript.js">
ici le code JavaScript à exécuter si le fichier votrescript.js n'est
pas trouvé
</SCRIPT>
```

Le fichier contenant le programme peut avoir n'importe quelle extension, mais nous vous conseillons le *.js*, pour une meilleure lisibilité. Il est important de noter que le fichier externe ne doit contenir que du code JavaScript (pas de balise HTML ni de balise <SCRIPT>).

Vous éditerez facilement un *.js* avec le Bloc-notes sous Windows, par exemple.

Emplacement d'un script dans une page

De manière générale, les scripts doivent être placés dans l'en-tête de votre page, c'est-à-dire entre les balises <HEAD> et </HEAD>. Cela permet au navigateur de charger le JavaScript avant le contenu de la page et d'éviter ainsi tout risque d'erreur. Il est en effet fréquent que le corps de votre page fasse appel à des fonctions ou variables que vous aurez préalablement créées. Il est donc important de charger tout de suite ces éléments dans la mémoire du navigateur.

Exemple de page :

```
<HTML>
<BODY>
<HEAD>

<SCRIPT LANGUAGE=JavaScript>
var nom = "DURAND" ;
var prenom = "Pierre" ;
</SCRIPT>

</HEAD>
<BODY>

<SCRIPT LANGUAGE="JavaScript">
document.write('Bonjour, je suis ' + prenom + ' ' + nom +'.') ;
</SCRIPT>

</BODY>
</HTML>
```

Insérer des commentaires pour une meilleure lisibilité

Il va très probablement vous arriver de devoir revenir sur un de vos anciens scripts pour le modifier. À ce moment, vous ne vous souviendrez peut-être plus exactement de la structure du programme en question. Il se peut aussi que ce ne soit pas vous qui modifiiez le code en question.

Pour éviter de perdre trop de temps plus tard, autant prendre les devants et commenter votre programme le plus précisément possible dès sa création !

Il existe deux façons d'introduire des commentaires en JavaScript :

- Si votre commentaire tient sur une ligne, faites-le précéder d'un double slash (//).

- Si votre commentaire s'étale sur plusieurs lignes, ouvrez-le avec un /* pour le refermer par un */.

Exemple :

```
<HTML>
<BODY>
<HEAD>
<SCRIPT LANGUAGE=JavaScript>
// On définit le nom de famille
var nom = "DURAND" ;

// On définit le prénom
var prenom = "Pierre" ;
</SCRIPT>

</HEAD>
<BODY>

<SCRIPT LANGUAGE=JavaScript>
/*
Ici on affiche sur la page :
Le nom
Le prénom
*/
document.write('Bonjour, je suis ' + prenom + ' ' + nom + '.') ;
</SCRIPT>

</BODY>
</HTML>
```

Le texte placé en commentaire dans votre page sera ignoré par le navigateur, mais vous sera utile plus tard car il vous permettra de vous retrouver plus rapidement dans votre script. Notre exemple est assez simple, mais il n'est pas rare de trouver des JavaScripts faisant plus de cent lignes... Dans ce cas les commentaires s'imposent !

Cacher le code pour les vieux navigateurs

Même s'ils commencent à se faire très rares, il existe encore des navigateurs incapables de lire et d'interpréter le JavaScript. Ils affichent alors le code en clair sur l'écran, comme s'il s'agissait d'un simple texte. Pour éviter que votre page ne soit complètement illisible dans ce cas, il suffit d'ajouter deux lignes :

```
<SCRIPT LANGUAGE="JavaScript1.2">
<!--
ici, le code JavaScript
//-->
</SCRIPT>
```

Les vieux navigateurs ne verront alors que des balises HTML de commentaires et n'afficheront pas le script.

Il peut arriver aussi que ce soit l'internaute qui décide de ne pas interpréter le langage, en désactivant l'option JavaScript de son navigateur. Cela peut poser des problèmes quand votre mise en page dépend justement de l'exécution d'un script. Il existe une solution pour contourner ce problème. Elle réside dans l'utilisation des balises <NOSCRIPT> et </NOSCRIPT>.

En effet, tout le code HTML contenu entre ces deux balises ne sera visible que par les navigateurs incapables de comprendre une ligne de code ou ayant l'option JavaScript désactivée. Cela peut vous permettre, par exemple, de les rediriger vers une autre page construite sans script.

Exemple :

```
<HTML>
<BODY>
<HEAD>
<NOSCRIPT>
<meta http-equiv="refresh"
content="0;URL=http://www.monsite.com/page_sans_javascript.html">
</NOSCRIPT>
</HEAD>
<BODY>

....

</BODY>
</HTML>
```

1.2   Les variables

Définition

Une variable est un élément auquel est attribuée une valeur, qui pourra être ensuite utilisée et modifiée lors de l'exécution du programme. Cette partie est très importante, car vous serez très vite obligé d'utiliser des variables dans vos programmes.

Restriction

- Un nom de variable doit commencer par une lettre ou un *underscore* _.
- Un nom de variable peut être aussi long qu'on le désire.
- Il peut contenir des lettres, des chiffres, les caractères spéciaux _ et &.
- Il ne peut pas contenir d'espace.

Tab. 1.2 : Exemples de syntaxes de variables

Nom	État
ma_variable	Correct
_ma_variable	Correct
_1_variable	Correct
123_variable	Incorrect (commence par un chiffre)

Attention

JavaScript distingue la casse

Méfiez-vous de la casse pour vos noms de variables, JavaScript fait la distinction entre les majuscules et les minuscules. Ainsi, la variable Bonjour est différente de la variable bonjour.

Comment déclarer une variable

Attention ! Si votre programme fait appel à une variable qui n'a pas été préalablement définie, vous aurez droit à un message d'erreur. Il est donc important de toujours déclarer les variables que vous allez utiliser, que vous leur affectiez une valeur ou non.

Il existe plusieurs méthodes pour déclarer une variable :

```
var mon_age;
```

De cette façon, votre variable est déclarée, sans valeur. Celle-ci pourra être définie plus loin dans votre programme. Vous pouvez aussi tout de suite donner une valeur à votre variable :

```
var mon_age = 23;
```

La variable `mon_age` est créée, valant l'entier 23. Si vous décidez d'assigner une valeur à votre variable dès sa création, le mot-clé `var` n'est plus indispensable. La ligne précédente peut alors s'écrire de cette façon :

```
mon_age = 23;
```

Cependant, pour une meilleure lisibilité, il est conseillé de laisser le "var".

Les différents types de variables

Une variable peut prendre différents types de valeurs, dont voici les plus fréquemment utilisés.

Chaînes de caractères

Une chaîne de caractères est, comme son nom l'indique, une suite de caractères alphanumériques.

La chaîne doit être entourée de guillemets simples (') ou doubles ("), à condition de les utiliser par paire. Si vous ouvrez une chaîne de caractères par un guillemet simple, vous devrez la refermer par un guillemet simple.

Exemple de déclaration de chaîne de caractères :

```
var mon_nom = "Vincent";
var mon_nom = 'Vincent';
var mon_nom = 'Mon nom est "Vincent"';
```

Nous voyons bien que, à partir du moment où nous déclarons notre chaîne de caractères entre des guillemets simples, nous pouvons y insérer autant de guillemets doubles que nous le désirons, et inversement. En revanche, insérer un guillemet simple au milieu de cette chaîne provoquerait une erreur, car JavaScript l'interpréterait comme une fin de chaîne. Pour que ce signe ne soit pas compris de la sorte, il suffit de le faire précéder d'un antislash (\). Celui-ci indique à JavaScript que le caractère qui suit est à interpréter non comme fin de chaîne, mais comme simple apostrophe.

Exemple :

```
var mon_nom = 'Mon nom c\'est "Vincent"';
```

Ou, si on utilise le guillemet double pour déclarer la chaîne :

```
var mon_nom = "Mon nom c'est \"Vincent\"";
```

Cela peut paraître compliqué écrit sur un livre, mais après quelques manipulations sur votre navigateur vous comprendrez très vite le principe.

Vous pouvez aussi insérer dans vos chaînes des caractères spéciaux :

- \b simule une touche de suppression.
- \n simule un retour à la ligne.
- \r simule un appui sur la touche Entrée.
- \t simule une tabulation.
- \\ pour que le caractère antislash soit interprété comme un caractère.

Nombres

Vous pouvez bien entendu donner un nombre comme valeur à vos variables. Dans ce cas, elles doivent être déclarées sans guillemet (sinon elles seraient interprétées comme des chaînes de caractères). Ces nombres peuvent être entiers ou décimaux.

Exemple de syntaxe :

```
var mon_age = 23;
var mon_age = 23.59;
```

Booléens

Un booléen est une variable un peu spéciale, qui vous servira pour tester une condition. Une variable booléenne ne peut prendre que deux valeurs : true et false.

Exemple de syntaxe :

```
var je_suis_un_homme = true;
var je_suis_un_camion = false;
```

Null

Assigner une valeur null à une variable signifie que celle-ci ne contient pas de données.

Exemple de syntaxe :

```
var test = null;
```

Portée d'une variable

Selon l'endroit où elle est déclarée, une variable peut être locale ou globale.

Si, dans une fonction (nous y reviendrons plus loin dans cet ouvrage), vous déclarez une variable avec le mot-clé var, alors celle-ci aura une portée locale, c'est-à-dire qu'elle ne sera utilisable qu'à l'intérieur de cette fonction. Elle ne prendra pas effet ailleurs dans votre script.

À l'inverse, si, dans une fonction, vous déclarez une variable sans le mot var, alors celle-ci aura une portée globale et sera disponible dans tout votre script.

Nous allons illustrer la portée des variables avec un exemple :

```
<SCRIPT LANGUAGE="JavaScript">
var mon_age = 22;
mon_nom = "Vincent";
/*
Nous venons de déclarer deux variables.
N'étant pas placées dans une fonction, elles ont donc une portée
globale, qu'elles utilisent ou non le mot-clé "var".
*/

function vieillir()
{
mon_age = 23;
var mon_nom = "Christophe";
}

/*
Nous venons de créer une fonction veillir() (nous reviendrons sur les
fonctions plus loin dans cet ouvrage)
La variable mon_age étant déclarée sans le mot "var", elle a une
portée globale.
A l'inverse, la variable mon_nom est déclarée avec le mot "var". Elle
a donc une portée locale, c'est-à-dire que mon_nom ne sera égal à
"Christophe" que dans cette fonction, et nulle part ailleurs.
*/

document.write('Mon âge : ');
document.write(mon_age);
document.write('<BR>Mon nom : ');
document.write(mon_nom);

/*
Ces lignes ont pour effet d'écrire le texte et les variables entre
parenthèses dans la page HTML.
Pour l'instant, l'exécution de ces lignes donne :
Mon âge : 22
Mon nom : Vincent
*/

vieillir();

/*
On demande à JavaScript d'exécuter la fonction vieillir().
*/

document.write('<BR>Mon âge : ');
document.write(mon_age);
document.write('<BR>Mon nom : ');
```

```
document.write(mon_nom);

/*
On exécute à nouveau les lignes visant à écrire dans le fichier HTML.
Cette fois le résultat est :
Mon âge : 23
Mon nom : Vincent
*/

</SCRIPT>
```

▲ Fig. 1.1 : *La variable mon_age a changé, pas la variable mon_nom*

Le script ci-dessus démontre qu'après l'exécution de la fonction vieillir() seule la variable déclarée comme globale à l'intérieur de celle-ci (nom_age) a subi une modification. N'hésitez pas à recopier ce script et à le modifier pour bien comprendre son fonctionnement, c'est le meilleur moyen d'apprendre.

1.3   Les tableaux

Bien souvent, dans les premiers programmes JavaScript que vous écrirez, vous n'aurez besoin que d'une poignée de variables. Mais vous deviendrez vite plus gourmand, par exemple lorsque vous entreprendrez de classer toute la collection de fiches cuisine de tante Martine.

Un tableau est un objet JavaScript qui est créé soit par l'utilisateur pour y stocker des données, soit par JavaScript lui-même. Seul le premier cas sera étudié ici.

Déclaration de tableau

Les noms des tableaux sont soumis aux mêmes contraintes que celles vues précédemment concernant les variables JavaScript. Il est aussi simple de déclarer un tableau qu'une variable, suivant la syntaxe suivante :

```
potager = new Array (3) ;
```

qui crée un tableau nommé potager comprenant trois variables qui ne sont pas encore initialisées (elles sont considérées par JavaScript comme undefined). Ces variables peuvent être de n'importe quel type, et vous pouvez même mélanger dans le même tableau des caractères, des nombres de n'importe quelle taille.

Si vous ne connaissez pas encore la taille de tableau dont vous avez besoin, créez tout simplement potager de cette manière :

```
potager = new Array ( ) ;
```

JavaScript gérera alors la taille du tableau et l'adaptera à vos besoins.

Il est possible de créer un tableau en spécifiant son contenu directement, suivant la syntaxe :

```
potager = ["carotte", "artichaut", "citrouille" ] ;
```

Cela crée donc un tableau nommé potager, qui comprend trois variables dont les valeurs sont "carotte", "artichaut" et "citrouille".

Indexation

Pour utiliser une variable spécifique d'un tableau, on utilise le nom du tableau et la place de la variable dans ce tableau, que l'on indique entre crochets. Précision importante : comme souvent en informatique, le premier élément porte le numéro zéro, le deuxième, le numéro un, etc.

Ainsi, si l'on veut afficher dans le navigateur le nom du deuxième légume de notre potager, il suffira d'écrire :

```
document.write ( potager [1] ) ;
```

Et, si les citrouilles ne sont plus à votre goût, plantez donc des salades à la place :

```
potager[2] = "salade" ;
```

Vous désirez ajouter un nouveau légume ? JavaScript n'est pas contraignant, même si vous avez défini votre tableau comme Array(3), vous pouvez ajouter des radis et des concombres :

```
potager [3] = "radis" ;
potager [4] = "concombre" ;
```

JavaScript comprendra automatiquement ce que vous désirez faire et transformera potager en un tableau de cinq variables, comme si vous aviez déclaré :

```
potager = new Array (5) ;
```

Remarque

Taille des tableaux

Il s'agit en effet d'un Array(5), et non 4, car le tableau comprend alors les objets 0, 1, 2, 3, 4, soit un total effectif de 5. Faites bien attention à ce piège facile, et souvenez-vous qu'en informatique le premier nombre est zéro et pas un !

Le numéro d'index d'une variable (sa place dans le tableau) peut être le résultat d'un calcul ou d'une variable.

Pour l'exemple suivant, qui affiche le jour de la semaine en cours, nous utiliserons lors des deux premières lignes un nouvel objet que nous étudierons plus loin. Cet objet contiendra le numéro du jour de la semaine, compris entre 0 et 6.

```
<script language="JavaScript">

aujourdhui = new Date() ;
jour = aujourdhui.getDay() ;

semaine = ["dimanche", "lundi", "mardi", "mercredi", "jeudi",
"vendredi", "samedi" ] ;

document.write ('Nous sommes aujourd\'hui ' + semaine[jour] + ',
bonne journée !' ) ;

</script>
```

Comme les Américains ne font rien comme tout le monde, leur semaine commence un dimanche. Donc, nous aurions un décalage dans le tableau si nous ne l'avions pas rempli avec l'ordre de nos jours.

Longueur d'un tableau

Il existe une propriété des tableaux qui est length. Cette valeur renvoie le nombre d'éléments du tableau.

On l'utilise comme suit :

```
document.write ( 'le tableau potager contient ' + potager.length + '
élements. ' ) ;
```

Tableaux multidimensionnels

Sous ce nom peut-être barbare se cache tout simplement un tableau à plusieurs rangées. En effet, jusqu'à présent, les tableaux étaient limités à une rangée et à une seule. Dans la pratique, c'est bien souvent trop peu.

JavaScript ne permet pas de créer facilement des tableaux multidimensionnels. Nous allons vous montrer comment exploiter néanmoins cette possibilité en créant en JavaScript la réplique exacte du tableau ci-dessous, comprenant trois colonnes et deux rangées.

Tab. 1.3 : Un tableau multidimensionnel

Colonne1	Colonne2	Colonne3
a	b	c

Tab. 1.3 : Un tableau multidimensionnel

Colonne1	Colonne2	Colonne3
1	2	3

La technique consiste à créer un premier tableau, comprenant autant d'éléments que de rangées désirées. Dans notre cas, créons donc `tab` :

```
tab = new Array (2) ;
```

Et définissons par la suite `tab[0]` et `tab[1]` en tant que tableaux eux aussi de trois éléments.

```
tab[0] = new Array (3) ; tab[1] = new Array (3) ;
```

Ainsi, nous pouvons remplir le tableau facilement, en indiquant la rangée, puis la colonne :

```
tab[0][0] = 'a' ;
tab[0][1] = 'b' ;
tab[0][2] = 'c' ;
tab[3][0] = 1 ;
tab[2][1] = 2 ;
tab[1][2] = 3 ;
```

Cette méthode permet de créer tous types de tableaux, de taille quelconque, puisqu'il suffit d'ajouter des lignes ou des colonnes. De plus, il est également possible de créer des tableaux de dimension quelconque, en intégrant de la même façon des tableaux de tableaux.

1.4   Les opérateurs

Les opérateurs sont des éléments qui vont vous permettre de manipuler les variables JavaScript, afin, par exemple, d'effectuer des opérations, des comparaisons, des concaténations...

On peut distinguer plusieurs types d'opérateurs, dont voici les plus fréquents :

■ les opérateurs de calcul ;

- les opérateurs d'assignation ;
- les opérateurs d'incrémentation ;
- les opérateurs de comparaison ;
- les opérateurs logiques ;
- les opérateurs de concaténation.

Les opérateurs de calcul

Les opérateurs de calcul permettent d'effectuer des opérations mathématiques. Dans ce cas, il faut bien entendu que les valeurs de vos variables soient des nombres.

Exemples :

```
<SCRIPT LANGUAGE=JavaScript>
var nombre = 10;

// Addition
resultat = nombre + 1; // resultat vaut 11

// Soustraction
resultat = nombre - 5; // resultat vaut 5

// Multiplication
resultat = nombre * 3; // resultat vaut 30

// Division
resultat = nombre / 2; // resultat vaut 5

</SCRIPT>
```

Attention

Additionner un nombre avec une chaîne de caractère

Si vous désirez additionner un nombre avec une variable de type "chaîne de caractères", vous devez utiliser la fonction eval().

Attention

Par exemple :

```
nombre = "2";
// nombre est alors une variable de type "chaîne de
caractère"
resultat = 6+nombre;
// resultat vaut alors "62", car nous avons effectué
une concaténation (voir plus bas)
resultat = eval(2+nombre);
// resultat vaut bien 8
```

Les opérateurs d'assignation

Ces opérateurs permettent d'effectuer une opération sur une variable,
puis de stocker le résultat dans cette même variable. Pour être plus clair,
imaginons que vous désiriez multiplier une variable par deux ; vous
auriez écrit :

```
nombre = nombre*2;
```

Grâce aux opérateurs d'assignation, la syntaxe se trouve simplifiée :

```
nombre *= 2;
```

Exemples :

```
<SCRIPT LANGUAGE=JavaScript>
var nombre = 10;

// Addition
nombre += 1; // nombre vaut 11

// Soustraction
nombre -= 4; // nombre vaut 7 (11-4)

// Multiplication
nombre *= 4; // nombre vaut 28 (7x4)

// Division
nombre /= 2; // nombre vaut 14 (28/2)

</SCRIPT>
```

Les opérateurs d'incrémentation

De la même manière que les opérateurs d'assignation, les opérateurs d'incrémentation permettent de modifier la valeur d'une valeur numérique, mais cette fois-ci d'une valeur seulement.

Exemple :

```
<SCRIPT LANGUAGE=JavaScript>
var nombre = 10;

// Incrémentation
nombre++; // nombre désormais 11 (10+1)

// Décrémentation
nombre--; // nombre désormais 10 (11+1)
</SCRIPT>
```

Attention à la place des symboles ++ ou --.

Imaginons que la variable nombre soit égale à 10 :

```
resultat = nombre++;
```

Dans ce cas, resultat vaut 10 et nombre vaut 11, car l'incrémentation ne s'effectue qu'après que la valeur de la variable à incrémenter a été envoyée (opération postfixée).

En revanche :

```
resultat = ++nombre;
```

Dans ce cas, resultat et nombre valent tous les deux 11, car l'incrémentation est faite avant l'envoi de la valeur (opération préfixée). N'hésitez pas à créer quelques petits codes pour bien comprendre ce principe de fonctionnement.

Les opérateurs de comparaison

Les opérateurs vont vous permettre de comparer des variables, qu'elles soient des chaînes de caractères ou des nombres. Elles vous seront très utiles lorsque vous commencerez à construire des structures conditionnelles.

Tab. 1.4 : Les opérateurs de comparaison

Opérateur	Symbole	Exemple	Effet
Égalité	==	nombre == 3	Retourne *true* si la variable **nombre** est égale à 3, retourne *false* dans le cas contraire.
Différence	!=	nombre != 3	Retourne *true* si la variable **nombre** n'est pas égale à 3, retourne *false* dans le cas contraire.
Infériorité stricte	<	nombre < 3	Retourne *true* si la variable **nombre** est inférieure à 3, retourne *false* dans le cas contraire.
Infériorité	<=	nombre <= 3	Retourne *true* si la variable **nombre** est inférieure ou égale à 3, retourne *false* dans le cas contraire.
Supériorité stricte	>	nombre > 3	Retourne *true* si la variable **nombre** est supérieure à 3, retourne *false* dans le cas contraire.
Supériorité	>=	nombre >= 3	Retourne *true* si la variable **nombre** est supérieure ou égale à 3, retourne *false* dans le cas contraire.

Les opérateurs logiques

Les opérateurs logiques permettent de combiner plusieurs conditions.

Tab. 1.5 : Les opérateurs logiques

Opérateur	Symbole	Exemple	Effet
OU	||	condition1 || condition2	Retourne *true* si au moins une des deux conditions est vraie, retourne *false* dans le cas contraire.
ET	&&	condition1 && condition2	Retourne *true* si au moins les deux conditions sont vraies, retourne *false* dans le cas contraire.
NON	!	!condition	Retourne *true* si la condition est fausse, retourne *false* dans le cas contraire.

Les opérateurs de concaténation

Ces opérateurs servent à assembler des chaînes entre elles ou avec des variables. Le symbole de cet opérateur est le +.

Exemple :

```
<SCRIPT LANGUAGE="JavaScript">
mon_age = 23;
debut_phrase = "J'ai ";
fin_phrase = " ans";
phrase = debut_phrase + mon_age + fin_phrase;
document.write(phrase);
</SCRIPT>
```

1.5   Les structures conditionnelles

Les structures conditionnelles permettent l'exécution d'une instruction, ou d'un groupe d'instructions, si une condition est réalisée. Cette notion est fondamentale, car utilisée dans la plupart des scripts.

Exemple : l'utilisateur entre une chaîne de caractères dans une boîte de texte ; si cette chaîne correspond au mot de passe, alors, il peut rentrer dans la section appropriée, sinon il est gentiment rapatrié vers la page précédente.

L'instruction conditionnelle if...else

L'instruction correspondant au test est if. On l'utilise de la façon suivante :

```
if (condition) {
instruction1;
}
else
instruction2;
{
```

Si la condition est remplie, l'instruction 1 est exécutée, sinon l'instruction 2 est exécutée. Notez que l'instruction else, qui correspond au cas où la condition n'est pas remplie, est facultative, on peut très bien simplement écrire :

```
if (condition) {
instruction;
instruction;
}
```

Une fois cette syntaxe assimilée, on peut facilement écrire un programme qui teste un mot de passe :

```
<script language="JavaScript">

var retour=retrace;
var password="vivajavascript";
var name = prompt("Veuillez indiquer un mot de passe","");

if (name==password) {
alert ("Mot de passe correct, bienvenue sur Le Webmestre !")
}
else {
alert ("Désolé, mais vous ne pouvez pas entrer !");
}

</script>
```

Le programme, lors de son lancement, demande un mot de passe à l'utilisateur, par l'intermédiaire de l'instruction prompt(), puis teste si le mot de passe donné par l'utilisateur correspond au véritable mot de passe. S'il est exact, l'utilisateur en est averti, sinon on lui interdit l'entrée.

prompt() et alert() sont deux méthodes simples, l'une demandant à l'utilisateur de remplir un champ texte, l'autre affichant simplement un message. Vous en saurez plus dans le chapitre *Les objets du navigateur*.

L'instruction conditionnelle switch

Il existe une deuxième instruction conditionnelle : switch. Complémentaire de if, elle évite une accumulation de tests.

Regardons ensemble l'exemple suivant :

```
<script language="JavaScript1.2">
function jsPrompt()
{
```

```
var handball = prompt("Combien de joueurs composent une équipe de
handball ?","")
switch (handball)
{
case '7': alert("Parfait ! Félicitations !"); break
case '11': alert("Non, vous confondez avec le football !"); break
case '13': alert("Non, vous confondez avec le rugby à 13 !"); break
case '15': alert("Non, vous confondez avec le rugby !"); break
default: alert("Non, il y a 7 joueurs par équipe.");
}
}
</script>
<a href="javascript:jsPrompt()">Etes-vous prêt à répondre à la
question ?</a>
```

Lorsque l'utilisateur clique sur le lien, on lui pose une question et, suivant sa réponse, le message qu'il verra sera différent. Au lieu d'utiliser une batterie de "if (handball=n)", l'instruction switch simplifie le code.

switch requiert un paramètre, la variable sur laquelle les tests seront faits. Ensuite, dans le bloc suivant (délimité par les accolades), chaque test est défini par :

```
case (valeur de la variable): instruction1; instruction2; ...
instruction n; break;
```

- Le mot-clé break sert à quitter l'instruction switch et à continuer l'exécution normale du programme.
- Le mot-clé default, à la place de case, définit les instructions à exécuter si aucun des case ne correspond à la valeur de la variable.

Attention

Faites attention à la version JavaScript utilisée

L'instruction switch() n'est apparue que dans JavaScript 1.2. Si vous voulez rester compatible avec les anciens navigateurs, vous devrez employer une multitude de if...else à la place.

1.6   Les boucles

Une boucle a pour effet de répéter une certaine séquence de votre programme un nombre de fois défini. Pour réaliser une boucle en JavaScript, il existe deux instructions : while et for.

L'instruction while

La syntaxe de l'instruction while se présente sous cette forme :

```
while(condition)
{
instructions à exécuter
}
```

Tant que la condition est vraie, les instructions contenues entre les accolades sont exécutées. Dès que la condition n'est plus vraie, la boucle s'arrête et le programme reprend son cours.

Nous allons vous proposer un exemple pour bien vous expliquer le fonctionnement de while. Celui-ci consistera simplement à afficher dans une page HTML la table de multiplication des 9.

```
<HTML>
<HEAD>
<TITLE>La table des 9 avec while</TITLE>
</HEAD>
<BODY>

<SCRIPT LANGUAGE=JavaScript>
var multiplicateur = 0;
/*
Nous déclarons la variable multiplicateur et lui assignons la valeur
0
*/

document.write('<TABLE BORDER=1>');
document.write('<TR><TD>Multiplicateur :</TD>');
document.write('<TD>Résultat :</TD></TR>');
/*
Nous commençons à écrire le tableau HTML de multiplication
*/

while(multiplicateur <= 10)
```

```
{
/*
Tant que la variable multiplicateur est inférieure ou égale à 10,
les instructions entre les accolades sont exécutées
*/

document.write('<TR><TD>' + multiplicateur + '</TD>');
/*
On place dans la colonne de gauche du tableau HTML le multiplicateur
*/

var resultat = multiplicateur*9;
document.write('<TD>' + resultat + '</TD></TR>');
/*
On calcule le résultat et on l'affiche dans la colonne de droite
*/

multiplicateur++;
/*
On incrémente la variable multiplicateur d'une unité (+1)
*/
}

/*
Les dix rangées sont affichées, il ne reste plus qu'à fermer le
tableau HTML
*/
document.write('</TABLE>');
</SCRIPT>
</BODY> (voir fig. 1.2)
</HTML>
```

Attention

while et les risques de boucles infinies

On pourrait croire que la syntaxe de while n'est pas très compliquée, cependant méfiez-vous-en ! Si vous oubliez d'incrémenter la variable de condition, multiplicateur dans notre exemple, votre boucle ne finira jamais, car la condition sera toujours vraie (dans notre exemple, la variable multiplicateur sera toujours égale à 0, donc inférieure à 10) ! Heureusement, les navigateurs récents détectent les boucles infinies et proposent de les arrêter.

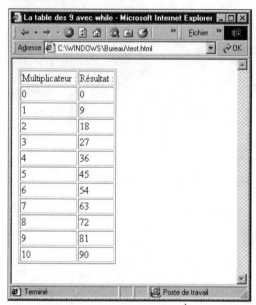

◄ Fig. 1.2 :
*Résultat : une
table des 9 dans
un tableau HTML*

L'instruction for

L'instruction for est un peu plus difficile à utiliser pour un novice, mais
se révèle beaucoup plus propre et sûre que while, car tous les
paramètres nécessaires à l'exécution de la boucle doivent être contenus
dans sa syntaxe :

```
for(initialisation du compteur; condition; action sur le compteur à
réaliser à chaque boucle)
{
instructions à exécuter
}
```

Pour illustrer la syntaxe d'une boucle for, nous allons reprendre notre
exemple de la table des 9 :

```
<HTML>
<HEAD>
<TITLE>La table des 9 avec for</TITLE>
</HEAD>
```

```
<BODY>

<SCRIPT LANGUAGE=JavaScript>
document.write('<TABLE BORDER=1>');
document.write('<TR><TD>Multiplicateur :</TD>');
document.write('<TD>Résultat :</TD></TR>');
/*
Nous commençons à écrire le tableau HTML de multiplication
*/

for(multiplicateur=0;multiplicateur<=10;multiplicateur++)
{
/*
La boucle commence avec la variable "multiplicateur" égale à zéro,
et s'exécutera tant que celle-ci sera inférieure ou égale à 10.
La variable "multiplicateur" sera incrémentée d'une valeur (+1) à
chaque boucle.
*/

document.write('<TR><TD>' + multiplicateur + '</TD>');
/*
On place dans la colonne de gauche du tableau HTML le multiplicateur
*/

var resultat = multiplicateur*9;
document.write('<TD>' + resultat + '</TD></TR>');
/*
On calcule le résultat et on l'affiche dans la colonne de droite
*/
}

/*
Les dix rangées sont affichées, il ne reste plus qu'à fermer le
tableau HTML
*/
document.write('</TABLE>');
</SCRIPT>
</BODY>
</HTML>
```

Le résultat est le même, que vous utilisiez for ou while, seule la syntaxe du programme change. Je vous conseille d'apprendre à utiliser la boucle for car vous réduirez les risques d'erreur et votre code sera plus propre.

1.7   Les fonctions et méthodes de JavaScript

Nous avons déjà utilisé quelques fonctions et méthodes dans les chapitres précédents, à titre d'exemple. Nous allons maintenant les étudier de près, les décortiquer, les expliquer.

Tout d'abord, à quoi cela sert-il ?

Dans un programme, on a souvent besoin d'une suite d'instructions à répéter un certain nombre de fois ou pour un certain nombre d'objets. Une fonction, ou une méthode, est donc une suite d'instructions que nous pourrons exécuter quand bon nous semblera, sur l'objet ou la valeur de notre choix. Il en résulte une simplification à la fois du code du programme et de sa compréhension.

Différence entre fonction et méthode

La différence entre fonction et méthode est arbitraire : une méthode est une fonction définie pour un type d'objet bien particulier. C'est peu clair ? Continuez, cela viendra vite... Commençons tout d'abord par étudier les fonctions de JavaScript.

Déclaration d'une fonction

Il faut toujours déclarer une fonction avant de l'utiliser, matériellement elle doit se trouver "au-dessus" dans votre programme.

Remarque

JavaScript 1.2

Ceci est maintenant faux avec JavaScript 1.2, mais mieux vaux rester compatible avec JavaScript 1.0, ce qui a également l'avantage de ne pas compliquer votre code inutilement.

Une fonction se déclare de la façon suivante :

```
function nom_de_votre_fonction (parametre1, parametre2) {
instruction 1;
```

```
instruction 2;
}
```

Nous venons ici de déclarer une fonction dont le nom est nom_de_vo-tre_fonction, contenant deux instructions et prenant en compte deux paramètres que nous lui passerons à chaque appel, parametre1 et parametre2.

Syntaxe

Chaque déclaration de fonction devra être utilisée avec le mot-clé function, suivi du nom de la fonction que vous souhaitez définir. Ce nom se plie bien entendu aux règles des noms des variables que nous avons vues précédemment, au chapitre correspondant.

Les instructions sont placées entre accolades et seront exécutées dans l'ordre dans lequel elles sont placées.

Paramètres

Les paramètres (ou arguments) sont des variables que nous passons en référence à la fonction.

Écrivons une fonction qui, par exemple, calcule et écrit l'aire et le périmètre d'un rectangle dont les petits et grands côtés sont passés en paramètres.

```
function calcul_rectangle(cote1,cote2) {
perimetre = cote1 * 2 + cote2 *2;
aire = cote1 * cote2;
document.write("Périmètre du rectangle :" + perimetre);
document.write("<br>Aire du rectangle: " + aire);
}
```

Pour utiliser cette fonction dans un script, il suffit de l'appeler de cette manière :

```
calcul_rectangle(25,12);
```

Nombre de paramètres

JavaScript limite le nombre de paramètres par fonction à 255, ce qui devrait être largement suffisant pour tous les scripts que vous écrirez. Si jamais le nombre de paramètres doit absolument être supérieur, on peut très bien imaginer, par exemple, passer en paramètre un tableau de variables.

Toutes les fonctions n'ont pas besoin de paramètre, par exemple une fonction qui écrit la date à l'écran. Lors de la déclaration de la fonction, on omet tout simplement les paramètres, pour ne laisser que les parenthèses. Et de même lors de l'appel de la fonction :

```
<script langage="JavaScript">

function quel_jour_est_on ( ) {
jour = new Date () ;
document.write ("Nous sommes aujourd'hui le " + jour.getDate() );
}

quel_jour_est_on();

</script>
```

Remarque

Du déjà vu !

Chose intéressante : Date () et getDate () sont des fonctions que nous avons déjà rencontrées au cours des chapitres précédents.

Date() est une fonction interne de JavaScript, elle est définie par défaut et construit un objet d'un type particulier.

getDate(), qui se réfère uniquement à un objet de type *Date*, est donc une *méthode* de l'objet *Date*.

Portée des variables

La notion de portée de variable est simple, mais il est important de bien la cerner, car elle peut facilement être source d'erreurs incompréhensibles dans les programmes que vous écrirez par la suite.

Il existe deux types de variables déclarées dans des fonctions : les variables *locales* et les variables *globales*.

Comme nous l'avons vu précédemment, vous pouvez créer une variable de deux façons : avec ou sans le mot-clef `var`.

Lorsque vous créez une variable dans une fonction avec le mot-clef `var`, la portée de celle-ci sera *locale*, c'est-à-dire que cette variable n'existera que dans cette fonction; on parle aussi de *visibilité locale*.

Juste un petit exemple pour être certain que cette notion est assimilée :

```
<script language="JavaScript">

function calcul_cercle (rayon) {
pi = 3.1415926;
perimetre = 2 * pi * rayon;
var aire = pi * rayon * rayon;
}

calcul_cercle(20);

document.write("Périmètre: " + perimetre + "<br>");
document.write("Aire: " + aire);

</script>
```

Cette fonction calcule le périmètre et l'aire d'un cercle dont le rayon est passé en paramètre. Passons sur la formule basique de calcul, et intéressons-nous aux variables. L'une est déclarée sans `var` et l'autre avec.

Résultat : après l'exécution de la fonction, `aire` n'est pas définie dans le programme, et vous aurez droit à une magnifique erreur JavaScript.

Quel peut donc être l'intérêt d'utiliser `var` dans une fonction ? Eh bien, vous pouvez utiliser une variable définie avec `var` dans une fonction, sans vous soucier de savoir si cette variable existe déjà dans le programme ou pas et donc sans avoir peur d'effacer la valeur de cette variable ! Si, par exemple, vous appelez toutes vos variables de compteurs `compteur`, plus de souci !

Les méthodes de JavaScript

Étudions maintenant les méthodes, qui découlent des fonctions et qui ne devraient pas vous poser problème.

Une méthode est une fonction associée à un objet, c'est-à-dire une action que l'on fait exécuter à un objet dont dépend la méthode.

Depuis le début de ce livre, nous utilisons sans le savoir une méthode `document.write()`. Nous l'utilisons pour afficher du texte dans le navigateur. Eh bien, c'est une méthode, associée à l'objet *document* ! Concrètement, c'est une fonction à laquelle on passe un paramètre (le texte que l'on veut afficher) et qui n'existe qu'à travers l'objet *document*. Telle est la véritable définition d'une méthode.

Il peut exister plusieurs méthodes associées à un objet. Par exemple, *document* comprend aussi la méthode `writeln()`, qui est la copie conforme de la méthode `write()` à ceci près qu'elle ajoute automatiquement un retour chariot après le texte affiché (ce qui est surtout utile entre des balises <PRE></PRE>).

Vous pouvez très bien afficher du texte en utilisant la méthode de la même manière que `write()`, en appelant le nom de l'objet, suivi de la méthode à utiliser :

```
document.writeln("Ceci est un test de la méthode writeln");
```

La création des méthodes et leur utilisation avancée seront expliquées au chapitre des objets de JavaScript.

1.8 La notion d'objet

En JavaScript, les composantes de votre page (images, formulaire) ainsi que d'autres éléments (comme la date, les variables JavaScript) sont assimilés à des objets. Il est alors facile d'accéder à chaque objet pour l'analyser (compter le nombre de caractères dans une chaîne, connaître la valeur d'un champ de formulaire) ou pour le soumettre à une action (comme changer d'image, découper une chaîne...).

Les objets sont classés de façon hiérarchique. Par exemple, pour un champ de formulaire, il faudra indiquer à JavaScript qu'il doit regarder dans la page, puis dans le formulaire en question et, enfin, dans le champ. Ce qui donne :

```
document.nom_du_formulaire.nom_du_champ
```

Chaque objet a des *propriétés*, c'est-à-dire des caractéristiques qu'il va être possible de connaître et d'exploiter.

Pour notre exemple de formulaire, nous pourrions, pourquoi pas, demander à savoir ce que l'utilisateur a tapé dans le champ. Nous utiliserions alors la méthode value :

```
valeur = document.nom_du_formulaire.nom_du_champ.value;
```

Par exemple, nous pourrions demander à JavaScript d'activer automatiquement le champ de saisie de notre formulaire :

```
valeur = document.nom_du_formulaire.nom_du_champ.focus();
```

Nous pouvons distinguer trois types d'objets prédéfinis :

- les objets du navigateur ;
- les objet dits "built-in" ;
- les objets du navigateur.

Les objets prédéfinis du navigateur sont classés selon une hiérarchie très stricte. Tant mieux, cela en sera d'autant plus simple.

Il existe trois grandes classes, qui sont window, navigator et screen. Chacune de ces classes comprend des objets qui possèdent des méthodes qui peuvent également contenir des objets, etc. Et comme un beau tableau vaut mieux qu'un long discours, voici, sous cette forme, un résumé sommaire des trois classes et de leurs principaux objets.

Tab. 1.6 : La hiérarchie des objets du navigateur

Classe	Objet	Sous-objet	Description
navigator	plugin		Modules supplémentaires du navigateur.
	Mimetype		Objet de type de données.
screen			Propriétés de l'écran.
window	frame		frames (cadres) de la page.
	location		URL courante.
	history		Historique des pages consultées.
	document		Page courante.
	Layer		Correspond au "layer" de Netscape.
		link	Liens contenus dans la page.
		image	Images affichées dans le navigateur.
		area	Zones d'images définies.
		anchor	Ancres de la page.
		applet	Applets Java de la page.
		plugin	Plug-in contenus dans la page.
		form	Objet (complexe !) des formulaires.

La classe Navigator

Objets

La classe Navigator contient deux objets autres que l'objet *navigator* lui-même, *plug-in* et *mimetype*. Ces deux objets sont très complexes et ne rentrent pas dans le cadre de notre ouvrage. Ils ne vous seront de toute façon que d'une utilité quasi nulle dans le cadre de vos réalisations (comme des nôtres, d'ailleurs !). De plus, *plug-in* n'est pas reconnu par Internet Explorer.

Propriétés

Navigator contient plusieurs propriétés intéressantes. Parmi celles-ci, on trouve

Tab. 1.7 : Les propriétés de l'objet navigator

Propriété	Description
navigator.userAgent	Navigateur utilisé
navigator.appVersion	Version du navigateur
navigator.platform	Système d'exploitation utilisé (win32, Linux, MacPPC...)
navigator.cookieEnabled	true ou false si le navigateur accepte les cookies (IE seulement)
navigator.langage	Langage (sur deux caractères, Netscape seulement)
navigator.userLangage	Version IE de navigator.langage

Souvenez-vous des chapitres précédents ! Une méthode d'un objet s'appelle par objet.méthode ; ainsi, pour afficher à l'écran la version du navigateur, on écrira :

```
document.write(navigator.appVersion);
```

Il existe plusieurs autres propriétés, peu utiles et dépendantes fortement du navigateur utilisé. Si vous êtes aussi curieux que nous, vous pouvez demander au navigateur de les afficher :

```
<script language="JavaScript">
for (i in navigator) {
document.write( "navigator." + i + " = " + navigator[i] + "<br>" );
}
</script>
```

Voici ce que vous obtiendrez avec Internet Explorer 5.5 (voir fig. 1.3).

Et avec Netscape Communicator 6.0 (voir fig. 1.4).

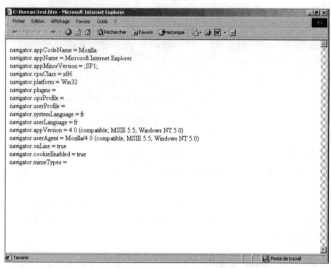

▲ Fig. 1.3 : *Les propriétés de l'objet navigator dans Internet Explorer 5.5*

▲ Fig. 1.4 : *Les propriétés de l'objet navigator dans Netscape Communicator 6.0*

Comme toujours, Microsoft aime faire cavalier seul et n'a pas hésité, au grand dam de ces messieurs du W3C, à ajouter des propriétés (peu utiles) n'existant pas dans les standards de ECMAScript. Il a même modifié la propriété indiquant la langue du navigateur !

La classe screen

Objets

La classe `screen` contient elle aussi un seul objet, *screen*, qui nous informe sur les paramètres de l'affichage graphique du navigateur. Cet objet n'a pas évolué depuis JavaScript 1.0, et vous pouvez donc utiliser comme bon vous semble toutes ces propriétés.

Propriétés

Les propriétés de l'objet *screen*, instance de la classe `screen` (vous suivez ?), sont au nombre de six :

Tab. 1.8 : Les propriétés de l'objet screen

Propriété	Description
screen.height	Hauteur de l'écran en pixels
screen.width	Largeur de l'écran en pixels
screen.availHeight	Hauteur de l'écran utile en pixels (sans les différentes barres de windows)
screen.availWidth	Largeur de l'écran disponible
screen.pixelDepth	Nombre de bits utilisés pour coder la couleur des pixels
screen.colorDepth	Nombre de couleurs disponibles

Comble du bonheur, ces propriétés sont communes à Internet Explorer et à Netscape Communicator. Elles sont utiles, par exemple, pour déterminer la configuration du navigateur du client et, ainsi, le rediriger où bon vous semble, voire lui signaler que son affichage n'est pas correctement configuré pour surfer sur votre site.

Exemple pratique : redirection suivant la résolution

De nombreux sites possèdent plusieurs versions, suivant la résolution d'écran du navigateur, et proposent dans le sommaire de choisir sa résolution. Nous allons automatiser ce choix, grâce à la classe `screen`, et plus particulièrement grâce à ses propriétés `screen.width` et `screen.height`, dont nous venons de faire la connaissance.

```
<SCRIPT LANGUAGE="JavaScript">
function screen_mode() {
var mode = "";
mode = screen.width + "x" + screen.height;
return mode;
}
parent.location.href = "index_"+screen_mode()+".htm";
</SCRIPT>
```

Ce script, à placer entre les balises `<head>` et `</head>` du navigateur, redirige le navigateur suivant la résolution d'écran employée.

Il prend la largeur d'écran, obtenue grâce à la propriété `width` de l'objet *screen*, concatène à celle-ci la lettre "x", puis la largeur d'écran.

Ainsi, si votre écran, comme celui de plus de 70 % des utilisateurs, est configuré en 800 pixels par 600 pixels, vous serez redirigé vers la page *800x600.htm*.

Et de même pour les résolutions standards, *640x480.htm*, *1024x768.htm*, ou plus exotiques, comme *1152x1024.htm*.

Si vous êtes courageux et que vous n'avez pas peur de faire un grand nombre de pages, cette technique est excellente, car la mise en page sera toujours parfaite. Malheureusement, il existe beaucoup de résolutions différentes (j'ai actuellement deux écrans et je suis en 2304*864 !) ; vous pouvez vous contenter de deux pages différentes et rediriger ainsi :

```
<SCRIPT LANGUAGE="JavaScript">
if (screen.width>800) {
parent.location.href = "hires.htm" }
</SCRIPT>
```

Si la résolution utilisée est supérieure (strictement) à 800*600, alors le navigateur sera dirigé vers *hires.htm*.

La classe window

La classe `window` est sans aucun doute la plus complexe. Elle comprend, en plus de l'objet *window* lui-même, qui représente la fenêtre actuelle de votre navigateur, quatre objets de niveau un et peut avoir jusqu'à trois niveaux d'objets.

L'objet *window* est un peu le "superobjet" du JavaScript. Il contient pratiquement tous les objets, et c'est pour cela qu'on se permet de l'oublier lors de la rédaction du code. Il est implicite. En toute logique, pour écrire du texte, on devrait appeler la méthode `window.document.write()`, mais *window* s'impose par défaut, et on écrit donc `document.write()`.

De même, pour tous les objets et méthodes qui découlent de `window` (la grande majorité des objets et méthodes JavaScript), on oubliera l'objet principal, *window*.

L'objet window

Les propriétés de l'objet window

L'objet *window* est le premier objet de la classe `window`. Il comprend de nombreuses propriétés, mais nous ne prendrons en compte que les plus importantes et les plus utiles. Si une propriété n'existe pas dans les deux principaux navigateurs, Netscape et Internet Explorer, nous vous le signalerons.

- defaultStatus *(JavaScript 1.1)* :

  La barre d'état d'une fenêtre est la barre située tout en bas : celle où vous pouvez observer le chargement du document en cours ou encore les liens que vous survolez avec la souris. Il est possible de changer son contenu avec JavaScript, en écrivant tout simplement dans cette propriété. Essayons de changer notre barre de *status* :

```
defaultStatus = ' Je suis un grand maître de JavaScript ';
```

Et hop ! l'affaire est dans le sac. Il est possible d'imaginer des animations de texte dans cette barre, des effets de style et même plus... vous verrez cela en temps voulu !

- document, frames, history :

  Ces trois propriétés seront vues en détail plus loin. Elles concernent, dans l'ordre, le document en cours, le système de cadres du navigateur et l'historique des pages consultées.

- length :

  Cette propriété contient le nombre total de subdivisions de la fenêtre, c'est-à-dire le nombre de frames (ou cadres) qu'elle contient. Utile ou pas utile ? Si vous détestez qu'on "piège" votre site dans des frames disgracieuses, cette propriété va vous aider. Elle est capable de détecter si votre page est emprisonnée.

```
if (parent.frames.length > 0) {
window.top.location.href = location.href;
}
```

- parent désigne la frame mère de la frame actuelle, c'est-à-dire celle qui a défini le frameset qui contient la page actuelle.

  Si le nombre de frames de la frame mère est supérieur à zéro, cela veut dire que la page actuelle est une frame elle-même. On oblige alors la page actuelle à prendre le dessus, en utilisant une propriété de location que nous verrons bientôt.

  Ce bout de code JavaScript est très utile, et de nombreux sites l'utilisent pour "casser" un système de cadres. Nous avons utilisé window.top.location, mais, comme signalé auparavant, top.location aurait eu le même effet, window étant implicite.

- location. :

  Cette propriété est valable en lecture seulement (on ne peut pas la modifier) et contient l'URL de la page en cours.

- name. :

  name retourne une chaîne de caractères comprenant le nom de la fenêtre, si celle-ci en a un.

Les méthodes de l'objet window

■ alert (message) :

Cette méthode affiche une fenêtre affichant le message passé en paramètre et un bouton OK sur lequel l'utilisateur doit appuyer pour la fermer. Elle sert uniquement à informer l'utilisateur, celui-ci n'a pas de choix à faire, il a juste à cliquer sur OK.

■ back(). :

L'appel de cette méthode d'un objet *window* ramène le navigateur sur la page sur laquelle il était précédemment. Il s'agit de la même action que celle de l'utilisateur qui clique sur le bouton **Précédent**.
La méthode opposée, qui fait avancer dans l'historique, est forward().

■ blur(). :

Cette méthode, appliquée à une fenêtre, lui enlève le focus. Si celle-ci était en avant-plan, elle passe à l'arrière des autres fenêtres ouvertes.

Remarque

Le focus

Une fenêtre a le focus quand elle est en premier plan par rapport à toutes les autres. C'est elle qui réagit lorsque, par exemple, vous tapez du texte ; c'est sur elle que l'action est *focalisée*. Quand vous cliquez sur une fenêtre en arrière-plan avec la souris, celle-ci passe sur le devant de la scène, elle acquiert le focus. Quand vous cliquez sur une seconde fenêtre, la première perd le focus, de la même manière que si vous aviez exécuté la méthode blur().

■ close(). :

Comme son nom l'indique, cette méthode ferme une fenêtre. Question de sécurité, on ne peut fermer directement une fenêtre que l'on n'a pas ouverte. Internet Explorer et Netscape protègent en effet la fenêtre en demandant une confirmation. Car il est on ne peut plus impoli de tenter de fermer les fenêtres des autres !

Cette méthode s'exécute comme les autres, à savoir :

```
nom_de_la_fenetre.close()
```

- confirm (message) :

  confirm() affiche une boîte de dialogue contenant le message passé en paramètre et demandant à l'utilisateur de confirmer en appuyant sur OK ou d'annuler. Concrètement, cette méthode renvoie une variable égale à 1, si OK a été pressé, ou à 0, si le bouton **Annuler** a été choisi.

```
<SCRIPT LANGUAGE="JavaScript">function quitter(){resultat =
confirm('Etes-vous sur de vouloir quitter ?');if(resultat=="1")
this.close();}</SCRIPT>
<FORM><INPUT TYPE="button" VALUE="Appuyez ici pour fermer la
fenêtre." onClick="quitter()"></FORM>
```

La page de cet exemple affiche un bouton, incitant l'utilisateur à appuyer sur ce dernier pour fermer la fenêtre. Lorsque le bouton est pressé, un message de confirmation est envoyé, grâce à la méthode confirm(). Suivant le résultat (ok=1), la fenêtre est fermée ou pas.

- focus(). :

  À l'opposé de blur(), cette méthode rend le focus à la fenêtre concernée, les actions de l'utilisateur (pression des touches du clavier, *scrolling*...) seront alors dirigées vers la fenêtre ou la frame concernée.

- forward(). :

  Voici l'opposé de back(). En effet, cette méthode avance dans l'historique des documents. forward() agit comme si l'utilisateur avait cliqué sur le bouton suivant de son navigateur.

- home(). :

  Comme son nom l'indique, l'appel de home() dirige le navigateur vers la fenêtre ou le cadre vers la page de démarrage définie par son navigateur. home() n'est reconnu que par Netscape.

- moveBy (x, y) (JavaScript 1.2). :

  Cette méthode, très intéressante, déplace la fenêtre qui l'appelle de x pixels vers la droite et de y pixels vers le bas, x et y pouvant bien entendu être négatifs, provoquant alors un déplacement vers la gauche ou le haut. Regardez le script suivant :

```
<SCRIPT LANGUAGE="JavaScript">
posi = 0;
function Vibre()
{
if(posi<40)
{
if(posi/2 == Math.round(posi/2))
{
X = Math.round(Math.random()*40)-20;
Y = Math.round(Math.random()*40)-20;
window.moveBy(X,Y);
}
else
window.moveBy(-X,-Y);
posi++;
tempo=setTimeout('Vibre2()', 10);
}
}
Vibre()
</SCRIPT>
```

Ce script est à placer avant la balise </HEAD> de votre document, afin qu'il agisse avant le chargement complet de la page.

On définit X et Y comme étant des nombres aléatoires (nous verrons dans la suite de l'ouvrage les fonctions Math.round et Math.random), et on déplace la fenêtre quarante fois de suite. La fonction setTimeout, que nous étudierons au chapitre *Plus loin*, définit un intervalle de 10 millisecondes pendant lequel le script ne fait rien.

Il résulte de ce code un véritable "tremblement" de la fenêtre, ce qui ne manquera pas d'attirer l'attention de votre visiteur sur son contenu !

■ moveTo (x, y) (JavaScript 1.2) :

Cette méthode, semblable en tous points à moveBy(), agit de la même manière, à ceci près qu'elle place la fenêtre courante aux coordonnées x et y (le coin supérieur gauche de la fenêtre coïncidera avec le pixel à l'emplacement x,y).

■ open(URL, nom_de_la_fenetre_fille, paramètres, historique) :

La méthode open() ouvre une nouvelle fenêtre, appelée fenêtre fille. Les paramètres sont multiples, et je vous conseille de faire un saut au chapitre *Exemples de scripts DHTML*, qui vous en dira bien plus.

■ print () (JavaScript 1.2) :

En appelant cette méthode, l'action est la même que si l'utilisateur appuyait sur le bouton **Imprimer** de son navigateur. On peut donc très bien définir un bouton qui imprimera la page courante lorsque l'utilisateur appuiera dessus :

```
<FORM>
<INPUT TYPE="BUTTON" onClick="print()" VALUE="Imprimer cette
page">
</FORM>
```

Remarque

onClick

onClick est ce que l'on appelle un événement JavaScript : il déclenche une action (ici, l'impression de la page ou, plus exactement, l'exécution de la méthode window.print() lorsque l'utilisateur clique).
Les événements seront étudiés en détail au chapitre correspondant. Ne soyez pas si impatient !

■ prompt (message, defaut) :

Cette méthode affiche une fenêtre contenant le message passé en paramètre, demandant à l'utilisateur de remplir un champ texte. La valeur defaut, qui est optionnelle, contient la valeur qui sera inscrite dans le champ texte lors de l'ouverture de la fenêtre. Un exemple vaut souvent mieux qu'un long discours :

```
<script>
var reponse = prompt ("Quel est votre année de
naissance ?",1970);
age = (2001 - reponse);
document.write ('Et bien, vous avez déjà ' + age + ' ans !');
</script>
```

Ce programme demande à l'utilisateur sa date de naissance et lui affiche ensuite son âge, qu'il vient de calculer.

- resizeBy (x, y) (JavaScript 1.2) :

  Cette méthode redimensionne une fenêtre en déplaçant son coin inférieur droit (le coin supérieur gauche ne bouge pas). Le coin qui bouge se déplacera de x pixels à l'horizontale et de y pixels à la verticale.

- resizeTo (x, y) (JavaScript 1.2) :

  Même chose que resizeBy(), mais le coin qui bouge ira aux coordonnées (x, y). On peut dire de façon générale que resizeBy() modifie la taille de la fenêtre de manière *relative* et resizeTo(), de manière *absolue*.

- scrollBy (x, y) (JavaScript 1.2) :

  Cette méthode fait "scroller" la fenêtre ou la frame qui l'appelle de x pixels vers la droite et de y pixels vers le bas.

- scrollTo (x, y) (JavaScript 1.2) :

  Méthode identique à scrollBy(), à ceci près que les coordonnées sont absolues. On peut facilement faire défiler automatiquement une page grâce à cette méthode.

  Entre <HEAD> et </HEAD> :

```
<SCRIPT LANGUAGE=JavaScript>
Scroleto = 0;
function ScrollWin()
{
while(Scroleto!=700)
{
this.scrollTo(1,Scroleto)
Scroleto++;
}
}
</SCRIPT>
```

Dans la balise <BODY> :

```
<BODY onLoad="ScrollWin()">
```

Ce programme est simple, il s'agit d'une boucle while qui fait scroller sept cents fois de suite la fenêtre d'un pixel vers le bas. Il vous sera facile de l'adapter à votre site personnel.

Remarque

onLoad

onLoad est, tout comme onClick, un événement JavaScript. Il exécute une action sitôt que la page est
entièrement chargée. Vous verrez tout ceci en détail
dans le chapitre *Plus loin*.

- stop() :

  stop() est une méthode qui, une fois exécutée, arrête immédiatement
  le chargement de la page en cours, comme si l'utilisateur avait utilisé
  le bouton du même nom de son navigateur.

L'objet history

L'objet *window.history* est un objet simple (cela change, n'est-ce pas ?)
qui contient les URL précédemment visitées par l'utilisateur.

Propriétés de window.history

- length. :

  Cette propriété contient le nombre de pages dans l'historique du
  navigateur :

```
<script>
document.write ( "Vous avez déjà visité " + history.length + "
pages !" );
</script>
```

- next :

  history.next contient l'URL suivante dans l'historique (celle sur
  laquelle l'utilisateur est redirigé s'il appuie sur le bouton **Suivant** de
  son navigateur).

- previous. :

  history.previous est la propriété opposée de history.next, c'est-
  à-dire l'URL affichée précédemment dans le navigateur.

Méthodes de window.history

- history.back(). :

`window.history.back()` est la même méthode que `window.back()`, précédemment étudiée.

- `history.forward().` :

  Comme sa sœur `back()`, `history.forward()` est la même méthode que `forward()`, elle exécute l'action que l'utilisateur ferait s'il utilisait sa touche Suivant.

- `history.go( x ).` :

  Cette méthode envoie le navigateur sur une des pages déjà visitées, enregistrée dans l'historique. x est un entier relatif, c'est-à-dire qu'il peut être inférieur à zéro.

  `history.go(-2)` redirigera le navigateur deux pages en arrière.

  `history.go(3)` enverra le navigateur trois pages en avant.

L'objet location

window.location est un objet contenant des informations sur l'URL chargée actuellement dans le navigateur. Chaque propriété de l'objet *location* représente une partie de cette URL.

Propriétés de l'objet window.location

Pour les propriétés suivantes, nous établirons que l'URL courante est : `http://www.quelquepart.com:80/repertoire/fichier .htm#ancre3`.

- `hash` :

  `location.hash` contient le nom de l'ancre en cours. Dans notre exemple, `location.hash = '#ancre3'`.

- `host` :

  `location.host` contient le nom de domaine ainsi que le sous-domaine. Ici, `location.host='www.quelquepart.com'`.

- `hostname` :

  `location.hostname` contient le sous-domaine, le domaine et le port employé. Ici, `location.hostname = 'www.quelquepart.com:80'`.

- href :

  `location.href` contient l'URL complète, ici `location.href='http://www.quelquepart.com:80/repertoire/fichier.htm#ancre3`.

- pathname :

  `location.pathname` contient le répertoire et le nom de fichier de l'URL en cours. Dans notre exemple, `location.pathname = '/repertoire/fichier.htm'`.

- port :

  `location.port` contient le numéro de port utilisé par le serveur pour communiquer, ici `location.port=80`.

Remarque

Un port ?

Un port est une "porte ouverte" utilisée par le serveur pour vous communiquer des informations. La notion de port dépasse le cadre de cet ouvrage, sachez juste qu'aujourd'hui 99 % des pages web passent par le port 80, qui n'est plus spécifié dans les URL, car implicite.

- protocol :

  `location.protocol` contient le type de protocole utilisé actuellement. Vous pourrez trouver le plus répandu, http, pour les pages web, mais également le ftp, pour le transfert de fichiers. Sachez toutefois qu'il en existe d'autres, telnet, SSH, bien moins utilisés.

Méthodes de l'objet window.location

- reload() :

  Cette méthode rafraîchit la page en cours, de la même façon qu'une pression sur le bouton **Recharger** du navigateur. Il est donc facile de se programmer un bouton **Rafraîchir** :

```
<FORM>
<INPUT TYPE="BUTTON" onClick="window.location.reload()"
VALUE="Recharger !">
</FORM>
```

■ `replace(URL)` :

`replace()` remplace l'URL actuelle par l'URL spécifiée. Il est à noter que l'utilisateur ne peut revenir en arrière par le bouton **Back** de son navigateur, la fonction `replace()` effaçant également la page actuelle de l'historique.

L'objet frame

Je ne vous ferai pas l'affront de vous expliquer ce que sont les frames. Résumons juste en disant que les frames (ou *cadres*) permettent d'afficher plusieurs pages HTML différentes dans une même fenêtre.

En JavaScript, chaque frame est un objet *window*.

Il existe un tableau des frames, nommé `frames`, comprenant toutes les frames de la page en cours, possédant lui aussi des propriétés.

De plus, les frames sont hiérarchisées par quelques mots-clés : une frame peut appeler sa frame "mère" par le mot-clé `parent`. Ainsi, une frame sœur (c'est-à-dire définie dans le même `frameset`) est appelée par `parent.nomDeLaFrame` ou bien `parent.frames[n]` en utilisant le tableau des frames, où n est le numéro de la frame (la première frame définie porte le numéro 0).

Tab. 1.9 : Les références des frames	
mot-clé	frame désignée par ce mot-clé
parent	frame mère, qui a créé la frame actuelle.
self	la frame actuelle (équivalent de `window`).
top	nom de la super-frame, qui contient toutes les autres.

Attention

Une frame est un objet window !

Cette notion est très importante, une frame est un objet *window* à part entière, et donc tous les objets, sous-objets, propriétés et méthodes de l'objet *window* existent pour n'importe quelle frame.

On peut donc très bien forcer une frame nommée "menu" à se recharger, en appelant la méthode reload() de l'objet *location*, vu juste plus haut, en appelant par exemple parent.menu.location.reload().

Les propriétés et méthodes de l'objet frame

Ce sont les mêmes que celles de l'objet *window*.

frames != frame !

Faites bien attention à ne pas confondre *frame*, qui est un objet égal en tous points à *window*, puisque c'est une fenêtre, et l'objet *frames*, qui est un tableau contenant toutes les frames existantes.

Les propriétés de l'objet frames

Toutes les propriétés de *frames* ne sont accessibles qu'en lecture seulement. Ainsi, l'instruction frames[1]='nouveaunom' n'a aucun effet et ne modifiera ni *frames* ni la frame[2].

frames possède la même propriété que tous les autres tableaux, length :

```
<SCRIPT>
document.write ("Nombre de frames: " + window.frames.length)
</SCRIPT>
```

Tableau, tableau... ah oui, tableau ! Un problème sur les tableaux JavaScript ? Refaites un tour à la section *Les opérateurs*, qui leur est consacrée.

L'objet document

L'objet *document* contient toutes les informations concernant la page actuelle. Il contient de nombreuses propriétés et méthodes, nous passerons outre les moins intéressantes et utiles.

Propriétés de l'objet document

- alinkColor :

    alinkColor contient la couleur actuelle des liens activés (sur lesquels l'utilisateur a cliqué). Elle est disponible en lecture/écriture, vous pouvez donc la modifier comme bon vous semble.

- bgColor :

    Cette propriété contient la couleur actuelle du fond de la page HTML. Il est possible de programmer quelques effets amusants avec cette propriété :

```
<SCRIPT LANGUAGE="JavaScript">
Col = new Array;
Colf = new Array;
Col[0] = "white";
Colf[0] = "Blanc";
Col[1] = "seagreen";
Colf[1] = "Vert";
Col[2] = "red";
Colf[2] = "Rouge";
Col[3] = "yellow";
Colf[3] = "Jaune";
</SCRIPT>

<FORM NAME=ChoixCouleur>
<SELECT NAME="couleur" onChange="document.bgColor =
ChoixCouleur.couleur.options[ChoixCouleur.couleur.selectedIndex]
➥ .value">
<SCRIPT LANGUAGE="JavaScript">
a = 0;
while (a!=4)
{
document.write('<OPTION VALUE="' + Col[a] + '">' + Colf[a] +
'\n');
a++
}
</SCRIPT>
</SELECT>
</FORM>
```

Ce JavaScript permet tout simplement de changer votre couleur de fond à volonté ! Il contient un champ *select* (menu déroulant) contenant plusieurs couleurs.

À chaque fois que l'objet sélectionné dans le menu change (événement onChange), on écrit dans document.bgColor la couleur associée à cet élément.

Remarque

Un peu plus d'explications ?

Nous définissons tout d'abord deux tableaux. L'un contiendra les noms HTML des couleurs et l'autre, ces mêmes noms, mais lisibles par les francophones que nous sommes. Dans la balise <SELECT>, nous écrivons les différentes <OPTION> par l'intermédiaire d'une boucle while.

Lorsqu'une valeur change dans le <SELECT>, la couleur de fond est modifiée, grâce à notre tableau Col[], qui contient les couleurs HTML.

Il vous sera facile de modifier ce script à votre guise. Prenez bien garde, toutefois : pour ajouter une (ou plusieurs) nouvelles couleurs, il faudra ajouter un élément dans chacun des tableaux, mais aussi modifier le test de la boucle while. Encore mieux ? Remplacer le chiffre par la longueur actuelle du tableau. Essayez, ce sera un bon exercice.

■ fgColor :

Cette propriété, comme les deux propriétés de couleurs ci-dessus, est modifiable et correspond cette fois-ci à la couleur du texte du document.

■ lastModified :

Existant en lecture seulement, cette propriété contient la date de dernière modification de la page affichée.

■ linkColor :

Identique à alinkColor, à ceci près qu'elle contient la couleur de tous les liens de la page, et pas seulement des liens actifs.

- referrer :

  Contient l'URL du document sur lequel se trouvait l'utilisateur avant d'atterrir sur cette page. Un bon moyen de connaître l'origine de vos visiteurs !

  ```
  <SCRIPT LANGUAGE="JavaScript"> document.write("Avant de venir ici,
  vous étiez sur "+document.referrer+"<BR>");</SCRIPT>
  ```

- title :

  Propriété accessible en lecture seulement, contenant le nom du document (compris entre les balises <TITLE> et </TITLE>).

- vlinkColor :

  Dernière des propriétés de couleur, contient la couleur des liens déjà visités.

- images :

  Les images d'un document HTML sont toutes accessibles grâce au tableau image, qui contient toutes les images insérées avec la balise <IMG>. Si les images ont un nom (attribut NAME dans la base IMG), on peut y accéder par document.images["nomImage"], soit par le numéro de l'image (chaque image reçoit un numéro, suivant son ordre d'apparition dans le numéro, la première étant document.images[0]).

Les images ont quelques propriétés :

Tab. 1.10 : Les propriétés de l'objet image		
Propriété	Description	Modifiable ?
border	Taille du bord de l'image.	Non
complete	Spécifie si le navigateur a pu charger l'image (true/false).	Non
height	Hauteur de l'image.	Non
name	Nom de l'image.	Oui
src	URL de l'image.	Oui
width	Largeur de l'image.	Non

Pour des exemples de programmes utilisant les propriétés des images, faites donc un tour au chapitre *Exemples de scripts*, en commençant par le RollOver.

■ forms :

Les formulaires, qui permettent à l'utilisateur d'entrer du texte ou de faire son choix dans des listes ou cases à valider prévues à cet effet, sont indexés dans un tableau de document, document.forms[].

Tous les éléments d'un de ces formulaires, quels qu'ils soient, sont indexés dans un tableau de l'objet forms, elements[]. Ce tableau est à rapprocher du tableau images, du point de vue de son mode de fonctionnement.

Ainsi, on peut désigner le deuxième élément du premier formulaire de la page par document.forms[0].elements[1].

Au lieu d'utiliser un numéro de formulaire ou d'éléments, on peut bien sûr utiliser le nom du formulaire ou de l'élément auquel on souhaite accéder, ce qui est d'ailleurs bien plus pratique.

Quels sont les éléments de formulaire ?

Un élément est défini par une des balises HTML suivantes: <SELECT>, <INPUT type=text>, <INPUT type=password>, <INPUT type=submit>, <INPUT type=reset>, <INPUT type=checkbox>, <INPUT type=radio>.

Tab. 1.11 : Les propriétés de document.form

Propriété	Description	Modifiable ?
action	Indique l'URL de destination pour le formulaire.	Oui
length	Nombre d'éléments du formulaire.	Non
name	Nom du formulaire.	Oui
target	Spécifie le nom de la fenêtre ou de la frame à laquelle les réponses seront soumises.	Oui

Tab. 1.12 : Méthodes de l'objet document.form

Méthode	Description
reset()	Remet tous les champs du formulaire à leurs valeurs par défaut.
submit()	Soumet le formulaire (équivalent à appuyer sur le bouton valider).

```
<html>
<body>

<form action="formulaire.cgi" name="formulaire">
Entrez votre pseudo: <input type="texte" name="pseudo"><br>
<input type="button" value="Valider"
onClick="document.forms['formulaire'].submit()">
<input type="button" value="Recommercer"
onClick="document.forms['formulaire'].reset()">
</form>

</body>
</html>
```

Le code HTML ci-dessus crée un formulaire nommé formulaire (quelle originalité, n'est-ce pas ?) contenant un champ *texte* et deux boutons.

Un clic sur le premier bouton valide le formulaire, un clic sur le deuxième remet le champ *texte* à zéro.

Les éléments de formulaires possèdent eux aussi des propriétés et méthodes :

Tab. 1.13 : Les propriétés des éléments de formulaire

Propriété	Description	Modifiable ?
form	Nom du formulaire dont l'élément fait partie.	Non
name	Nom de l'élément.	Oui
type	Valeur de l'attribut type, lorsque celui-ci est spécifié dans le HTML.	Non
value	Chaîne de caractères représentant la valeur de l'élément.	Oui

Tab. 1.14 : Les méthodes des éléments de formulaire

Méthode	Description
blur()	Retire le focus (avant-plan) de l'objet spécifié.
click()	Simule un clic de souris sur l'élément spécifié.
focus()	Donne le focus à l'élément.

La propriété value vous sera très utile. Voici un exemple qui l'utilise :

```
<HTML>
<BODY>

<SCRIPT LANGUAGE="JavaScript">
function changestatus()
{
status=document.formulaire.saisie.value;
}
</SCRIPT>

<FORM NAME="formulaire">
<INPUT TYPE="text" NAME=saisie SIZE=60 VALUE="Titre de la page">
<INPUT TYPE="button" VALUE="changer status" onClick="changestatus()">
</FORM>

</BODY>
</HTML>
```

La page HTML ci-dessus contient un formulaire et un élément de type text. À chaque clic sur le bouton, la barre de statut de la page est changée et prend la valeur du champ *texte*.

1.9 Les objets dits "built-in"

JavaScript propose des objets prédéfinis qui ne dépendent pas vraiment du navigateur. Il s'agit des objets *String*, *Date* et *Math*.

L'objet String

Lorsque vous créez une variable de type chaîne de caractère, JavaScript l'identifie automatiquement comme un objet *String*. Ainsi, il va nous être possible de connaître les propriétés de cette variable, ainsi que de lui appliquer des méthodes.

Pour illustrer les propriétés et méthodes de l'objet *String*, nous supposons que :

```
var Phrase = "Bonjour, comment allez-vous ?";
```

Propriété

Tab. 1.15 : La propriété de l'objet String	
Propriété	Effet
length	Renvoie le nombre de caractères compris dans la chaîne. Pour notre exemple Phrase.length vaut donc 29.

Méthodes

Les méthodes appliquées à un objet *String* permettent, dans la majeure partie des cas, de formater la chaîne, comme pourrait le faire le HTML.

Pour bien visualiser l'effet de chaque méthode, n'hésitez pas à les tester en les plaçant, par exemple, dans une instruction comme celle-ci :

```
<SCRIPT LANGUAGE="JavaScript">
var Phrase = "Bonjour, comment allez-vous ?";
NouvellePhrase = Phrase.bold();
document.write("Sans la méthode : " +Phrase);
document.write("<BR>Avec la méthode : " +NouvellePhrase);
</SCRIPT>
```

Bien sûr, vous devrez remplacer LaMethodeChoisie() par une de celles présentées ci-dessous.

Tab. 1.16 : Les méthodes de l'objet String

Méthodes	Effets
`anchor("ancre")`	Définit la chaîne comme étant une ancre. `Phrase.anchor("hautdepage")` est équivalent à la syntaxe HTML : `<A NAME="hautdepage"> Bonjour, comment allez-vous ?</A>`.
`big()`	Met le texte en gros caractères. `Phrase.big()` est équivalent à : `<BIG> Bonjour, comment allez-vous ?</BIG>`.
`blink()`	Fait clignoter le texte (ne fonctionne que sous Netscape). `Phrase.blink()` est équivalent à `<BLINK> Bonjour, comment allez-vous ?</BLINK>`.
`bold()`	Met le texte en gras. `Phrase.bold()` est équivalent à : `<B> Bonjour, comment allez-vous ?</B>`.
`fontcolor ("couleur")`	Met le texte dans la couleur donnée. `Phrase.fontcolor("#FF0000")` est équivalent à : `<FONT COLOR="#FF0000"> Bonjour, comment allez-vous ?</FONT>`.
`fontsize(taille)`	Met le texte à la taille indiquée. `Phrase.fontsize(4)` est équivalent à : `<FONT SIZE=4> Bonjour, comment allez-vous ?</FONT>`.
`italics()`	Met le texte en italique. `Phrase.italics()` est équivalent à : `<I> Bonjour, comment allez-vous ?</I>`.
`links("URL")`	Définit le texte comme étant un lien. `Phrase.link("http://www.editeurjavascript.com")` est équivalent à : `<A HREF="http://www.editeurjavascript.com"> Bonjour, comment allez-vous ?</A>`.
`small()`	Réduit la taille du texte. `Phrase.small()` est équivalent à : `<SMALL> Bonjour, comment allez-vous ?</SMALL>`.
`strike()`	Barre le texte. `Phrase.strike()` est équivalent à : `<STRIKE> Bonjour, comment allez-vous ?</STRIKE>`.

Tab. 1.16 : Les méthodes de l'objet String

Méthodes	Effets
`sub()`	Déplace la chaîne vers le bas de la ligne. `Phrase.sub()` est équivalent à : `<SUB> Bonjour, comment allez-vous ?</SUB>`.
`sup()`	Déplace le texte vers le haut de sa ligne. `Phrase.sup()` est équivalent à : `<SUP> Bonjour, comment allez-vous ?</SUP>`.
`toLowerCase()`	Force la chaîne en minuscule. `Phrase.toLowerCase()` donne : bonjour, comment allez-vous ?
`toUpperCase()`	Force la chaîne en majuscule. `Phrase.toUpperCase()` donne : BONJOUR, COMMENT ALLEZ VOUS ?
`charAt(position)`	Retourne le caractère placé à la position indiquée en paramètre. `Phrase.charAt(3)` retourne la lettre "j", car la lettre "j" est placée en troisième position dans notre chaîne (il faut savoir que la première lettre d'une chaîne est considérée en position 0).
`indexOf ("sous-chaîne")`	Retourne la position de la sous-chaîne passée en paramètre. `Phrase.indexOf("jour")` retourne 3, car la sous-chaîne "jour" est présente à la troisième position dans notre chaîne (la première lettre d'une chaîne est considérée en position 0). Il est aussi possible d'ajouter un paramètre de début de recherche. Ainsi, `Phrase.indexOf("n",4)` retourne 14 car JavaScript va commencer sa recherche de la sous-chaîne seulement à partir du quatrième caractère et donc retourner la position du second "n".
`lastIndexOf ("sous-chaîne")`	Retourne la position de la dernière sous-chaîne passée en paramètre. `Phrase.lastIndexOf("n")` retourne la position du dernier "n" présent dans `Phrase`, donc 14.
`substring (debut,fin)`	Retourne la chaîne contenue entre les deux positions passées en paramètre. `Phrase.substring(0,7)` retourne "Bonjour", c'est-à-dire la chaîne contenue entre le caractère placé en position 0 et le caractère placé juste avant la position 7.

Vous trouverez des exemples de scripts utilisant l'objet String dans le chapitre *Exemples de scripts*.

L'objet Date

Cet objet va vous permettre de manipuler le temps, que ce soit pour afficher simplement l'heure ou la date sur votre page web ou pour toute autre application. Il est nécessaire de bien savoir manipuler cet objet.

Syntaxe

Contrairement aux autres objets "built-in", la création d'une date nécessite l'appel d'un mot-clé new.

Exemple :

```
Var DateActuelle = new Date();
```

Nous venons ici d'affecter à notre variable *DateActuelle* un objet *Date*, avec lequel nous allons pouvoir travailler. L'objet que nous venons de créer représente la date actuelle ou, plutôt, celle du moment où le script est exécuté, car aucun paramètre ne lui est passé. Nous pourrions par exemple créer un objet *Date* à un instant défini différent de celui de l'exécution du programme :

```
maNaissance = new Date(77,02,20);
```

Ainsi, il est défini que ma date de naissance est le 20 mars 1977 (il faut considérer que les mois commencent à zéro).

Il existe donc plusieurs façon de définir une date, mais la syntaxe reste la même :

```
var unedate = new Date(Paramètres);
```

Les paramètres peuvent alors être les suivants :

■ Une chaîne vide (pour la date du jour en cours). Nous l'avons vue plus haut.

```
var DateActuelle = new Date();
```

■ Ou une chaîne suivant les formats suivants :

   – Mois jour, année heure:minute:seconde, où mois est écrit en toutes lettres et en anglais :

```
var uneDate = new Date("March 20, 1977 17:05:30");
```

   – Mois jour, année, où mois s'écrit en toutes lettres et en anglais :

```
var uneDate = new Date("March 20, 1977");
```

   – Année, mois, jour, heure, minute, seconde, le tout en chiffres :

```
var uneDate = new Date(1977, 02, 20, 17, 05, 30);
```

   – Année, mois, jour, le tout en chiffres :

```
var uneDate = new Date(1977, 02, 20);
```

Attention

Les règles à connaître pour s'en sortir avec les dates

Les années sont des entiers, à deux ou à quatre chiffres.

Les mois sont des entiers allant de 0 à 11. Ainsi, 0 représente janvier, 1 représente février, etc.

Les jours du mois sont des entiers allant de 1 à 31.

Les jours de la semaine sont des entiers allant de 0 à 6, où 0 représente le dimanche.

Les heures sont des entiers allant de 0 à 23.

Les minutes et les secondes sont des entiers allant de 0 à 59.

Propriétés

L'objet *Date* n'a pas de propriété.

Méthodes

Nous avons appris jusqu'ici à créer un objet *Date*. Si tout vous est encore flou, pas de panique, vous allez comprendre ici comment manipuler cet objet afin d'en faire tout ce que vous voulez !

Effectivement, essayez d'afficher l'objet en question tel quel :

```
<SCRIPT LANGUAGE=JavaScript>
var maintenant = new Date();
document.write(maintenant)
</SCRIPT>
```

Le résultat est un horrible Tue Feb 13 00:49:24 UTC+0100 2001. Ce n'est pas exactement ce que vous attendiez de JavaScript. Heureusement, l'objet *Date* regorge de méthodes qui vont vous permettre de formater cette chaîne.

Vous trouverez ci-dessous la liste des méthodes de l'objet *Date*. Admettons que pour tout ces exemples nous créons un objet par cette commande :

```
var uneDate = new Date(1977, 02, 20, 17, 05, 30);
```

Ainsi, uneDate est définie comme étant le dimanche 20 mars 1977 à 17 h 5 min 30 s.

Tout d'abord, voici les méthodes permettant de lire et de déchiffrer l'objet *Date* :

Tab. 1.17 : Les méthodes pour lire la date ou l'heure.	
Méthodes	**Effets**
getFullYear()	Retourne l'année sur 4 chiffres de l'objet auquel il est associé. Ainsi, uneDate.getFullYear() retourne 1977.
getMonth()	Retourne le mois. Ainsi, uneDate.getMonth() retourne 2 (mars).
getDate()	Retourne le jour du mois. Ainsi, uneDate.getDate() retourne 20.
getDay()	Retourne le jour de la semaine. Ainsi, uneDate.getDay() retourne 0 (dimanche).

Tab. 1.17 : Les méthodes pour lire la date ou l'heure.

Méthodes	Effets
getHours()	Retourne l'heure. Ainsi, uneDate.getHours() retourne 17.
getMinutes()	Retourne les minutes. Ainsi, uneDate.getMinutes() retourne 5.
getSeconds()	Retourne les secondes. Ainsi, uneDate.getSeconds retourne 30.
getTime()	Retourne le nombre de millisecondes écoulées entre le 1er janvier 1970 et la date à laquelle getTime() est affecté. Ainsi, uneDate.getTime() retourne 227721930000. Cette fonction est très intéressante, par exemple pour comparer deux dates différentes.
getTimezoneOffset()	Retourne la différence en minutes entre l'heure locale et l'heure GMT.

Les méthodes suivantes vont vous permettre de modifier l'objet *Date* :

Tab. 1.18 : Méthodes pour modifier l'objet Date.

Méthodes	Effets
setYear(année)	Permet d'affecter une année à l'objet auquel il est associé. Ainsi, uneDate.setYear(2001) transformera la date en 20 mars 2001.
setMonth(mois)	Permet d'affecter un nouveau mois. Ainsi, uneDate.setMonth(0) transformera la date en 20 janvier 1977.
setDate(jour)	Permet d'affecter un nouveau jour du mois. Ainsi, uneDate.setDate(12) transformera la date en 12 mars 1977.
setHours(heures)	Permet d'affecter une nouvelle heure. Ainsi, uneDate.setHours(12) transformera la date en 20 mars 1977 à 12 h 05 min 30 s.
setMinutes(minutes)	Permet d'affecter des minutes. Ainsi, uneDate.setMinutes(55) transformera la date en 20 mars 1977 à 17 h 55 min 30 s.

Tab. 1.18 : Méthodes pour modifier l'objet Date.

Méthodes	Effets
setSeconds (secondes)	Permet d'affecter des secondes. Ainsi, uneDate.setSeconds(15) transformera la date en 20 mars 1977 à 17 h 05 min 15 s.
setTime (millisecondes)	Permet d'affecter un nouveau nombre de millisecondes. Ainsi, uneDate.setTime(0) nous fait retourner à la date de référence, c'est-à-dire le 1er janvier 1970 à minuit.

Enfin, voici quelques autres méthodes pour l'objet *Date* :

Tab. 1.19 : Les autres méthodes de l'objet Date.

Méthodes	Effets
toGMTString()	Retourne la date au format GMT. Ainsi, uneDate.toGMTString() retourne Sun, 20 Mar 1977 16:05:30 UTC.
toLocaleString()	Retourne la date au format local, c'est-à-dire le format prédéfini par l'utilisateur de la machine qui exécutera le script. Ainsi, unDate.toLocaleString() retourne dimanche 20 mars 1977 17:05:30.

Renvoi

Vous trouverez des exemples de scripts utilisant l'objet Date dans le chapitre *Exemples de scripts*.

L'objet Math

Vous allez sûrement un jour avoir besoin d'utiliser des formules mathématiques un peu plus évoluées que les simples additions et multiplications. Dans ce cas, l'objet *Math* s'impose ! Il vous permettra d'accéder aux constantes, telles que π, ou d'exécuter quelques fonctions mathématiques.

Propriétés

Tab. 1.20 : Les propriétés de l'objet Math.	
Propriétés	Effets
E	Constante de Euler. Math.E retourne environ 2,7183.
LN10	Logarithme naturel du nombre 10. Math.LN10 retourne environ 2,302.
LN2	Logarithme naturel du chiffre 2. Math.LN2 retourne environ 0,693.
PI	Math.PI retourne la valeur de , soit environ 3,14159.
SQRT1_2	Racine carrée de ½. Math.SQRT1_2 retourne environ 0,707.
SQRT2	Racine carrée de 2. Math.SQRT2 retourne 1,414.

Méthodes

Tab. 1.21 : Les méthodes de l'objet Math.	
Méthodes	Effets
abs(nombre)	Retourne la valeur absolue d'un nombre. Ainsi, Math.abs(-9) retourne 9.
acos(x)	Retourne l'arc cosinus en radian. x doit être compris entre -1 et 1.
asin(x)	Retourne l'arc sinus en radian.
atan(x)	Retourne l'arc tangent en radian.
ceil(nombre)	Retourne l'entier immédiatement supérieur à nombre. Ainsi, Math.ceil(10.3) retourne 11.
cos(x)	Retourne le cosinus de l'angle x exprimé en radian.
exp(x)	Retourne la valeur de l'exponentiel de x.
floor(nombre)	Retourne l'entier immédiatement inférieur à nombre. Ainsi, Math.floor(10.3) retourne 10.
log(x)	Retourne la valeur du logarithme népérien de x (base e).
max(nombre1, nombre2)	Retourne le plus grand des deux nombres qui lui sont passés en paramètres. Ainsi, Math.max(10,24) retourne 24.
min(nombre1, nombre2)	Retourne le plus petit des deux nombres qui lui sont passés en paramètres. Ainsi, Math.min(10,24) retourne 10.

Tab. 1.21 : Les méthodes de l'objet Math.

Méthodes	Effets
pow(base, exposant)	Retourne la valeur de base élevée à la puissance exposant. Ainsi, Math.pow(3,2) retourne la valeur de 3^2, soit 9.
random()	Math.random() retourne un nombre aléatoire entre 0 et 1.
round(nombre)	Retourne nombre arrondi à l'entier le plus proche. Ainsi, Math.round(10.3) retourne 10.
sin(x)	Retourne le sinus de l'angle x exprimé en radian.
sqrt(nombre)	Retourne la racine carrée d'un nombre. Ainsi, Math.sqrt(9) retourne 3.
tan(x)	Retourne la tangente de l'angle x en radian.

 Vous trouverez des exemples d'utilisation des propriétés de l'objet Math dans le chapitre *Exemples de scripts*.

1.10 Les événements

Le JavaScript peut détecter les principales actions que vos visiteurs pourront effectuer sur votre page. Que ce soit un clic, un passage du curseur au-dessus d'un lien, la validation d'un formulaire, tout est traité par son gestionnaire d'événements. Il est alors simple d'associer une tâche précise à l'un de ces événements et ainsi de donner plus d'interactivité à votre page.

Intégrer un événement à un élément de la page

L'événement est placé dans la balise HTML de l'objet auquel il va être associé.

```
<BALISE onEvenement="fonction_javascript()">
```

La fonction JavaScript appelée peut être une fonction prédéfinie, comme alert(), ou une fonction créée par vous-même.

Plusieurs actions JavaScript sur un même événement

Veillez à ne pas mettre plusieurs événements dans la même balise, car un seul s'exécutera. Si vous désirez lancer plusieurs fonctions sur le même événement, il vous suffit de les séparer les unes des autres par un point-virgule :

```
<BALISE
onEvenement="fonction1();fonction2();fonction3()">
```

Liste des événements

Vous trouverez ci-dessous la liste des événements les plus couramment utilisés, ainsi que les éléments auxquels ils peuvent être rattachés.

onClick

Détecte le clic de la souris.

Éléments pouvant lui être associés : tous les boutons de formulaire, checkbox, lien, radio.

Exemple de syntaxe :

```
<FORM>
<INPUT TYPE=button VALUE="C'est un test" onClick="alert('Ca
marche !!')">
</FORM>
```

Dans le cas d'un lien, il existe deux syntaxes différentes.

La première est utile si vous désirez exécuter un script et rediriger le visiteur vers une page :

```
<A HREF="mapage.html" onClick="alert('ok')">clique ici</A>
```

En revanche, si vous ne voulez pas rediriger le visiteur sur une autre page, il existe une autre syntaxe :

```
<A HREF="javascript:alert('ok')">clique ici</A>
```

onLoad

Détecte la fin de chargement de l'objet.

Éléments pouvant lui être associés : page (<body>), image.

Exemple de syntaxe :

```
<BODY onLoad="alert('ok')">
```

onUnload

Détecte le déchargement de l'objet.

Élément pouvant lui être associé : page (<body>).

Exemple de syntaxe :

```
<BODY onUnload="alert('Au revoir !')">
```

onMouseOver

Détecte le passage de la souris au-dessus de l'objet.

Élément pouvant lui être associé : lien.

Exemple de syntaxe :

```
<A HREF="mapage.html" onMouseOver="alert('ok')">passez votre souris
ici !</A>
```

onMouseOut

Détecte quand la souris n'est plus en train de survoler l'objet.

Élément pouvant lui être associé : lien.

Exemple de syntaxe :

```
<A HREF="mapage.html" onMouseOut="alert('ok')">passez votre souris
ici !</A>
```

onFocus

Détecte quand un objet devient sélectionné.

Éléments pouvant lui être associés : les champs de formulaire.

Exemple de syntaxe :

```
<FORM>
<INPUT TYPE=text NAME=test VALUE="Selectionnez moi !"
onFocus="this.value='Ca marche !!'">
</FORM>
```

onFocus

Détecte quand un objet n'est plus sélectionné.

Éléments pouvant lui être associés : les champs de formulaire.

Exemple de syntaxe :

```
<FORM>
<INPUT TYPE=text NAME=test VALUE="Sélectionnez moi !"
onBlur="this.value='Ca marche !!'">
</FORM>
```

onChange

Détecte quand la valeur d'un objet est modifiée.

Éléments pouvant lui être associés : les champs de formulaire, select, radio, checkbox.

Exemple de syntaxe :

```
<FORM>
<SELECT NAME="liste" onChange="alert('On change !!')">
<OPTION VALUE="choix1"> choix1
<OPTION VALUE="choix2"> choix2
```

```
<OPTION VALUE="choix3"> choix3
</SELECT>
</FORM>
```

onSelect

Détecte quand le client sélectionne un texte dans un champ de formulaire.

Éléments pouvant lui être associés : les champs de formulaire.

Exemple de syntaxe :

```
<FORM>
<INPUT TYPE=text NAME=test VALUE="Sélectionnez moi !"
onSelect="this.value='Ca marche !!'">
</FORM>
```

onSubmit

Détecte quand un formulaire est validé.

Élément pouvant lui être associé : formulaire.

Exemple de syntaxe :

```
<FORM onSubmit="alert('C\'est parti !')">
<INPUT TYPE="submit" VALUE="On teste !">
</FORM>
```

Il existe d'autres événements, plus complexes et moins utilisés. Nous les verrons plus loin dans cet ouvrage. Il est absolument nécessaire de bien savoir manier les événements ; pour cela, je vous conseille vivement de tester tous ces scripts, puis de les modifier, afin de bien assimiler leur fonctionnement.

Renvoi

Vous trouverez des exemples d'utilisation des événements dans le chapitre *Exemples de scripts* de cet ouvrage.

Chapitre 2

Exemples de scripts

2.1 Un rollover 91

2.2 Ouvrir une nouvelle fenêtre (popup) 94

2.3 Une nouvelle barre de navigation 103

2.4 Largeur de l'écran 105

2.5 Vérification avant validation du formulaire 108

2.6 Maximiser la fenêtre automatiquement 111

2.7 Gestion de bannières 112

2.8 L'heure et la date en images 120

2.9 Textes aléatoires 126

2.10 Afficher le temps restant jusqu'à une date 129

2.11 Vérifier une adresse e-mail 132

2.12 Jeu : le plus ou moins 135

2.13 Un message différent suivant l'heure 146

2.14 Affichons les phases de la Lune 148

2.15 Affichage de page en fonction du navigateur 153

C'est avec cette section que vous allez vraiment apprendre à manipuler ce que vous avez découvert dans le chapitre précédent. Ce n'est pas forcement très grave si vous n'avez pas tout compris jusqu'à présent ! Avec les exemples que nous allons vous présenter, tout devrait s'éclaircir.

2.1   Un rollover

Avant tout, qu'est-ce qu'un *rollover*? C'est simplement un effet qui consiste à faire qu'une image change d'apparence quand elle est survolée par la souris.

Le script

Entre \<HEAD\> et \</HEAD\> :

```
<SCRIPT LANGUAGE="JavaScript1.1">
i1 = new Image;
i1.src = "images/image2.gif";
</SCRIPT>
```

Entre \<BODY\> et \</BODY\> :

```
<A HREF="mapage.html" onMouseOver="nomimage1.src='images/image2.gif'"
onMouseOut="nomimage1.src='images/image1.gif'"><IMG
SRC="images/image1.gif" BORDER=0 WIDTH=88 HEIGHT=31 HSPACE=0 VSPACE=0
NAME="nomimage1"></A>
```

Compatibilité

Tab. 2.1 : Compatibilité du script	
Navigateurs	Compatibilité
Internet Explorer 4 et plus	Oui
Netscape 3 et plus	Oui
Internet Explorer 3 et moins	Non
Netscape 2 et moins	Non

Explications

Nous allons analyser le script afin de mieux le comprendre :

```
<SCRIPT LANGUAGE="JavaScript1.1">
i1 = new Image;
i1.src = "images/image2.gif";
</SCRIPT>
```

Nous définissons *i1* comme étant un nouvel objet *Image* et lui affectons comme chemin *images/image2.gif*. En fait, ces deux lignes permettent de précharger l'image *images/image2.gif* dans le cache du navigateur. Ainsi, le rollover sera immédat, car l'image ne sera plus à charger.

Le chemin *images/image2.gif* correspond à l'image de remplacement, celle qui apparaîtra lorsque celle de base sera survolée. C'est la seule chose que vous devez remplacer dans ce bout de code.

Ce bout de code est placé entre <HEAD> et </HEAD> pour que le préchargement s'effectue le plus tôt possible.

Nous allons ensuite faire le rollover. Nous commençons tout d'abord à placer un simple lien sur une image, à laquelle nous allons donner un nom, grâce à l'attribut HTML name :

```
<A HREF="mapage.html"><IMG SRC="images/image1.gif" BORDER=0
WIDTH=88 HEIGHT=31 HSPACE=0 VSPACE=0 NAME="nomimage1"></A>
```

C'est ensuite que nous allons placer les événements onMouseOver et onMouseOut pour détecter le survol. Nous plaçons ces événements dans la balise <A HREF...> :

```
<A HREF="mapage.html" onMouseOver="nomimage1.src='images/image2.gif'"
onMouseOut="nomimage1.src='images/image1.gif'">
```

Et voilà ! Au passage de la souris, la propriété src de l'image nommée nomimage1 change et devient images/image2.gif, ce qui provoque le rollover. En effet, l'attribut src correspond au chemin de l'objet image auquel il est associé.

▲ Fig. 2.1 : *L'image s'affiche normalement au chargement de la page*

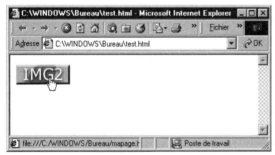

▲ Fig. 2.2 : *Elle change au passage du curseur !*

Astuce

Plusieurs rollovers dans la même page ?

Si vous désirez appliquer un rollover sur d'autres images présentes sur la page, vous devrez :

■ ajouter deux nouvelles lignes pour le préchargement.

```
i2 = new Image;
i2.src = "images/image3.gif";
```

■ changer le nom de l'image en question.

```
<IMG SRC="images/image1.gif" BORDER=0 WIDTH=88 HEIGHT=31 HSPACE=0
VSPACE=0 NAME="nomimage2">
```

2.2   Ouvrir une nouvelle fenêtre (popup)

Pour ouvrir une nouvelle fenêtre en HTML (que nous appellerons *popup*), rien de plus simple. Il suffit pour cela d'insérer, dans une balise de lien <A>, comme cadre de destination _blank, pour finalement obtenir le code suivant :

```
<A HREF="fichier.html" TARGET="_blank">
```

Une fois de plus, JavaScript va améliorer les fonctions basiques de HTML, en nous permettant de paramétrer de mille façons différentes la fenêtre qui s'ouvrira.

Pour cela, nous allons utiliser la méthode open() de l'objet *window*. Cette méthode existe depuis JavaScript 1.0, nous n'aurons donc pas de problème de compatibilité.

Nous avons déjà vu cette méthode dans le chapitre précédent, rappelons juste sa syntaxe :

```
nom_de_la_fenetre = window.open ( URL, nom, parametres );
```

La variable nom_de_la_fenetre récupérée lors de l'appel de cette fonction servira à écrire dans cette fenêtre, à la manipuler, à la déplacer, à la fermer... Bien que l'on puisse omettre de la récupérer, elle est donc très importante.

URL est l'adresse de la page à ouvrir, elle peut être relative (*/photos/pyjama.html*) ou absolue (*http://www.monhebergeur.org/monsite/photos/pyjama.html*).

Le nom de la fenêtre est à différencier de la variable JavaScript, il sert au HTML, par exemple pour les paramètres target.

Compatibilité

Tab. 2.2 : Compatibilité du script	
Navigateurs	Compatibilité
Internet Explorer 3 et plus	Oui
Netscape 3 et plus	Oui

Les paramètres de la méthode window.open

La méthode dispose de nombreux paramètres :

Tab. 2.3 : Les différents paramètres de la méthode window.open()		
Paramètre	Description	Valeurs possibles
alwaysRaised	Définit si la nouvelle fenêtre sera toujours au-dessus des autres (Netscape seulement).	0 ou 1
height	Hauteur de la nouvelle fenêtre.	n exprimé en pixels
left	Distance de la nouvelle fenêtre par rapport à la gauche de l'écran.	n exprimé en pixels
location	Montre ou cache la barre d'adresses.	0 ou 1
menubar	Montre ou cache la barre de menus.	0 ou 1
resizable	Définit si la fenêtre est redimensionnable ou non.	0 ou 1
scrollbars	Montre ou cache les barres de défilement.	0 ou 1
status	Montre ou cache la barre de statut.	0 ou 1
toolbar	Montre ou cache la barre d'outils.	0 ou 1
top	Distance de la nouvelle fenêtre par rapport au haut de l'écran.	n exprimé en pixels
width	Largeur de la nouvelle fenêtre.	n exprimé en pixels

Pour chacune des valeurs, 0 correspond à la négation de la propriété (par exemple, status=0 n'affichera pas la barre de statut) et la valeur 1, à son activation.

De plus, les paramètres fournis à la méthode doivent être séparés par des points-virgules. Leur ordre n'a pas d'importance.

Les différentes possibilités d'affichage

Comme nous venons de le voir, nous pouvons aisément masquer ou afficher une barre (d'outils, de statut...) de la fenêtre. Comme il n'est jamais facile de se rappeler à quoi ressemble telle ou telle barre de navigation, les voici toutes.

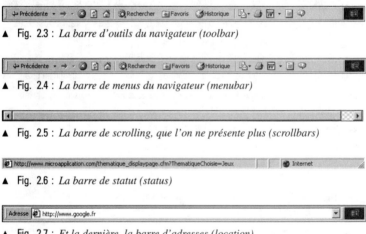

▲ Fig. 2.3 : *La barre d'outils du navigateur (toolbar)*

▲ Fig. 2.4 : *La barre de menus du navigateur (menubar)*

▲ Fig. 2.5 : *La barre de scrolling, que l'on ne présente plus (scrollbars)*

▲ Fig. 2.6 : *La barre de statut (status)*

▲ Fig. 2.7 : *Et la dernière, la barre d'adresses (location)*

Il est évidemment possible de combiner ces paramètres entre eux pour obtenir le popup de vos rêves :

```
NewWindow=window.open("about:blank", "awindow", "height=200,width=400,
➥ toolbar=1,menubar=0,scrollbars=0,resizable=1,status=1,location=1,
➥ left=30,top=30");
```

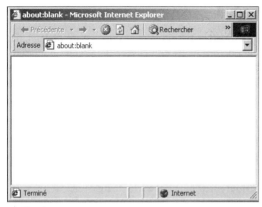

▲ Fig. 2.8 : *Toolbar, status et location en place*

```
NewWindow=window.open("about:blank", "awindow", "height=200,width=400,
➡ toolbar=0,menubar=1,scrollbars=1,resizable=1,status=0,location=0,
➡ left=30,top=30");
```

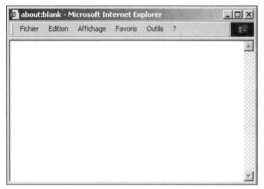

▲ Fig. 2.9 : *Vous préférez peut-être seulement les barres de scrolling et de menus ?*

Remarque

about:blank

Ce mot-clé indique au navigateur qu'aucune page ne doit être chargée et qu'il doit donc laisser place au vide absolu.

Écrire dans une popup

Une popup est une fenêtre à part entière. On peut donc écrire dedans, par l'intermédiaire de la méthode que vous connaissez déjà bien : `document.write()`. Nous nous devons bien entendu de spécifier dans quelle fenêtre nous voulons écrire, en précisant la variable retournée lors de sa création :

```
<HTML>
<HEAD><TITLE>Une jolie popup...</TITLE></HEAD>
<BODY>

<script>
NewWindow=window.open("about:blank", "awindow", "height=200,width=400,
➥ toolbar=0,menubar=1,scrollbars=1,resizable=0,status=0,location=0");
NewWindow.document.write('<html><body>Bonjour, je suis la nouvelle
➥ fenêtre !</body></html>');
</script>

</BODY></HTML>
```

Rien de bien compliqué ici : nous définissons tout d'abord la nouvelle fenêtre et récupérons dans la variable `NewWindow` son nom, dont nous nous servons par la suite pour écrire à l'intérieur de la nouvelle fenêtre, grâce à la méthode `NewWindow.document.write()`.

▲ Fig. 2.10 : *Une bien jolie popup*

Je vous ai montré mes photos de vacances ?

De nombreux sites web possèdent une galerie photo, et peut-être le vôtre. Votre chat, vos amis, votre collection de boîtes de camembert, tout est bon à héberger sur Internet, mais c'est si compliqué... Il vous faut déjà préparer une page HTML qui contiendra les noms des photos à visualiser et, pour chacune, écrire une page HTML contenant la photo, plus quelques informations supplémentaires. Résultat : pour cinquante photographies (ce qui n'est pas énorme), vous écrirez cinquante et une pages. Et si vous décidez de changer la couleur de fond de vos pages ou la taille des caractères, c'est à nouveau cinquante pages que vous modifierez. Et c'est là que le JavaScript débarque et vole à votre secours.

Nous avons vu qu'il est facile de créer une nouvelle fenêtre et d'écrire dedans sans avoir à charger une page HTML.

Il ne reste plus qu'à créer un menu déroulant disposant de la liste de vos photos et qui à chaque sélection ouvrira une fenêtre contenant la photo choisie et une description.

```
<HTML>
<HEAD>
<TITLE>Des photos de la tour eiffel...</TITLE>
</HEAD>

<script>

photos = new Array();
photosdes = new Array();

photos[1]='eiffel/etupnight2.jpg';
photosdes[1]='La tour de nuit';
photos[2]='eiffel/TEiffelN6.jpg';
photosdes[2]='Vue de l\'intérieur';
photos[3]='eiffel/w010301.jpg';
photosdes[3]='De loin, à la tombée de la nuit';
photos[4]='eiffel/w050301.jpg';
photosdes[4]='Sous la brume parisienne...';


function popup() {

    combien=formulaire.photo.selectedIndex;
if (combien==0) {return false; }

    NewWindow=window.open("about:blank", "eiffel", "toolbar=0,menubar=0,
 ➥ scrollbars=1,resizable=1,status=0,location=0");
```

```
   NewWindow.document.write('<html><head><title>La tour eiffel</title>
   ➥ </head><body bgcolor="222266">');
   NewWindow.document.write('<div align="center"><br><br>');
   NewWindow.document.write('<font color="#FFFF00" face="arial"
   ➥ size="3"><b>'+photosdes[combien]+'</b></font><br><br>');
   NewWindow.document.write('<a href="javascript:self.close();"><img
   ➥ src="'+photos[combien]+'" border="0"></a>');
   NewWindow.document.write('</div><br><br></body></html>');
}


</script>

<BODY>

<h3>Différentes photos de La Tour Eiffel</h3>

<form name="formulaire">
<select name="photo" onChange="popup()">
<option value="0">Faites votre choix !</option>

<script>
for (a=1; a<5; a++) {
    document.write('<option value="'+a+'">'+photosdes[a]+'</option>');
}
</script>

</select>
</form>
  (voir fig. 2.11, 2.12, 2.13)
</BODY></HTML>
```

▲ Fig. 2.11 : *Quelle photo voulez-vous visualiser ?*

▲ Fig. 2.12 : *Sélection de la première photo*

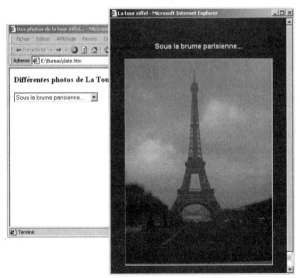

▲ Fig. 2.13 : *La Tour dans la brume*

Rassurez-vous : ce n'est pas aussi compliqué que cela en a l'air.

Procédons pas à pas. Tout d'abord, nous définissons deux tableaux, photos[] et photodes[]. Le premier contiendra les noms des photos ainsi que leur chemin (ici nous avons stocké les photos dans un répertoire nommé *eiffel/*) et le second, les descriptions des différentes images.

Dans le corps de la page (BODY) nous créons un menu déroulant (SELECT) grâce à une boucle for qui parcourt le tableau photosdes[].

Notez l'événement onChange() contenu dans SELECT, qui appelle la fonction popup() lorsqu'un objet du menu déroulant est choisi.

Vous trouverez une explication détaillée d'onChange() et de ses applications dans le chapitre *Plus loin.*

Quand l'utilisateur choisit une des photographies du menu, la fonction popup() est appelée. Nous récupérons alors le numéro de la photo choisie, grâce à l'instruction :

```
combien=formulaire.photo.selectedIndex
```

Si l'index est 0, il s'agit non d'une photo, mais de la phrase de titre. On met donc fin à la fonction :

```
if (combien==0) { return false; }
```

Nous créons alors une nouvelle fenêtre nommée NewWindow, qui ne contiendra aucune barre d'outils et qui sera redimensionnable (afin que l'utilisateur puisse modifier sa taille pour profiter au mieux de la photo) :

```
NewWindow=window.open("about:blank", "eiffel", "toolbar=0,menubar=0,
➡ scrollbars=1,resizable=1,status=0,location=0");
```

Grâce à la méthode document.write(), nous pouvons d'ores et déjà écrire dans la fenêtre ; nous définissons sa couleur de fond, bleu nuit, son titre, la police de caractères employée, plus la description de la photo, en utilisant le tableau photosdes[] :

```
NewWindow.document.write('<html><head><title>La tour eiffel</title>
➡ </head><body bgcolor="222266">');
NewWindow.document.write('<div align="center"><br><br>');
NewWindow.document.write('<font color="#FFFF00" face="arial" size="3">
➡ <b>'+photosdes[combien]+'</b></font><br><br>');
```

Il ne reste plus qu'à écrire le tag <IMG>, en spécifiant l'adresse de la photo,
contenue dans le tableau photos[] :

```
NewWindow.document.write('<a href="javascript:self.close();"><img src=
➡ "'+photos[combien]+'" border="0"></a>');
```

Nous avons rajouté une fonction ; cliquer sur la photo fermera la fenêtre,
grâce à la méthode close().

Il ne reste plus qu'à fermer les tags HTML ouverts :

```
NewWindow.document.write('</div><br><br></body></html>');
```

2.3   Une nouvelle barre de navigation

Ce script ne va pas forcément vous servir, mais démontre que JavaScript
peut facilement piloter votre navigateur.

Le script

```
<FORM NAME="navigateur">
<TABLE>
<TR>
<TD><A HREF="javascript:history.go(-1)">Retour</A></TD>
<TD><A HREF="javascript:history.go(+1)">Avance</A></TD>
<TD><A HREF="javascript:document.reload()">Rafraichir</A></TD>
</TR>
<TR>
<TD COLSPAN=3>Adresse : <INPUT TYPE="text" NAME="url" SIZE=40
MAXLENGTH=40>
<INPUT TYPE="button" VALUE="Go!"
onClick="document.location.href=document.navigateur.url.value">
</TD>
</TR>
```

```
</TABLE>
</FORM>
```

Compatibilité

Tab. 2.4 : Compatibilité du script	
Navigateurs	Compatibilité
Internet Explorer 3 et plus	Oui
Netscape 3 et plus	Oui

Explications

Vous remarquerez qu'il n'y a aucune balise <SCRIPT> dans ce programme. Normal, toutes les opérations sont déclenchées par des événements, et les scripts sont contenus à l'intérieur même des balises HTML.

```
<FORM NAME="navigateur">
```

Nous ouvrons un formulaire nommé navigateur. Nous nous en servirons plus tard.

```
<TABLE BORDER=1>
<TR>
<TD><A HREF="javascript:history.go(-1)">Retour</A></TD>
<TD><A HREF="javascript:history.go(+1)">Avance</A></TD>
<TD><A HREF="javascript:document.reload()">Rafraichir</A></TD>
</TR>
```

C'est la première ligne de notre tableau HTML. Nous utilisons les événements sous cette forme : <A HREF="javascript:action()"> lien</A>. history.go(-1) simule un clic sur le bouton **Retour** du navigateur, alors que history.go(+1) simule un clic sur le bouton **Avancer**. document.reload() recharge la page.

```
<TR>
```

```
<TD COLSPAN=3>Adresse : <INPUT TYPE="text" NAME="url" SIZE=40
MAXLENGTH=40>
<INPUT TYPE="button" VALUE="Go!"
onClick="document.location.href=document.navigateur.url.value">
</TD>
</TR>
```

Voici la seconde ligne de notre tableau HTML, dans laquelle nous avons placé une barre de saisie d'adresses nommée url. Nous y avons placé aussi un bouton de formulaire qui, une fois cliqué, lit ce qui a été tapé dans le champ de texte url du formulaire nommé formulaire et affiche la page demandée.

```
</TABLE>
</FORM>
```

Nous refermons la tableau HTML puis le formulaire.

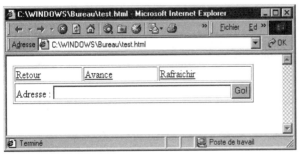

▲ Fig. 2.14 : *Et voilà à quoi cela ressemble !*

2.4 Largeur de l'écran

Tous les internautes ne surfent pas avec la même configuration de couleurs, de navigateurs, de résolution, de système d'exploitation, à croire qu'ils le font exprès !

La résolution employée est un gros problème pour les webmasters. Une majorité d'utilisateurs naviguent avec une résolution de 800x600 pixels, mais beaucoup utilisent des résolutions standards, comme 640x480,

1024x768, ou plus exotiques, comme 1152x864, 1280x960, 1600x1024...
J'avoue moi-même ne pas suivre la norme avec mon 2560x1024 !

Il est quasiment impossible de créer un site ayant le même aspect quelle que
soit la résolution employée ; tester celle de l'internaute est donc très utile.

Ce script est basé sur les propriétés width et height de l'objet *screen*,
étudié dans le chapitre *Introduction*.

```
<HTML>
<HEAD>
<TITLE>Résolution d'écran</TITLE>
</HEAD>

<BODY>
<CENTER>

<SCRIPT LANGUAGE="JavaScript">
EcranHaut = screen.height;
EcranLarg = screen.width;
Ecran = EcranLarg + " x " + EcranHaut;
document.write('Vous naviguez actuellement en'+Ecran)
</SCRIPT>

</CENTER></BODY></HTML>
```

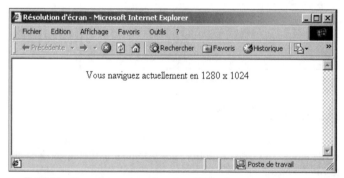

▲ Fig. 2.15 : *Un ordinateur configuré en 1280, sûrement un écran 17 ou 19 pouces*

Nous initialisons ici deux variables, une avec la largeur de l'écran, l'autre
avec sa hauteur, et nous affichons le résultat.

De nombreux webmasters conçoivent plusieurs versions de leur site et demandent au visiteur de choisir la version du site qu'il veut voir, suivant sa résolution. Nous allons automatiser cette étape.

Supposons que nous ayons un site prévu pour trois résolutions différentes : 640x480, 800x600, 1024x768 et au-delà. Le script suivant permet de rediriger automatiquement le visiteur suivant sa configuration d'écran :

```
<HTML>
<HEAD>
<TITLE>Résolution d'écran</TITLE>

<SCRIPT LANGUAGE="JavaScript">

Ecran = screen.width;
Page ='1024.htm';

if (Ecran<1024) {
    Page ='800.htm';
}


if (Ecran<800) {
    Page ='640.htm';
}

location.href = Page;

</SCRIPT>

</HEAD>
</HTML>
```

Nous fixons tout d'abord la variable Ecran avec la largeur de l'écran, puis la page de redirection, Page, à *1024.htm*.

Si la largeur de l'écran est inférieure à 1024, alors, la page de redirection sera à *800.htm*. Et si la largeur est inférieure à 800, alors, il faut rediriger le navigateur vers *640.htm*, ce que nous faisons par la suite grâce à la propriété bien utile :

```
location.href = Page;
```

Il est bien sûr possible de modifier le script pour ajouter des résolutions d'écrans ou, tout simplement, de changer les pages de redirection. À vous de faire le travail !

Compatibilité

Tab. 2.5 : Compatibilité du script	
Navigateurs	Compatibilité
Internet Explorer 4 et plus	Oui
Internet Explorer 3	Non
Netscape 3 et plus	Oui

2.5 Vérification avant validation du formulaire

Vous vous êtes construit un formulaire, mais vous en avez assez que tout le monde ne remplisse pas correctement tous les champs ? Là aussi, le JavaScript peut vous aider !

Le script

Entre <HEAD> et </HEAD> :

```
<SCRIPT LANGUAGE="JavaScript">
function verifForm(formulaire)
{
if(formulaire.nom.value == "" && formulaire.prenom.value == "")
alert('Remplissez tous les champs !!');
else
formulaire.submit();
}
</SCRIPT>
```

Entre <BODY> et </BODY> :

```
<FORM ACTION="http://www.site.com/programme.cgi">
Entrez votre nom :<BR>
<INPUT TYPE="text" NAME="nom" SIZE=20><BR><BR>
Entrez votre prénom : <BR>
```

```
<INPUT TYPE="text" NAME="prenom" SIZE=20><BR><BR>
<INPUT TYPE="button" VALUE="Envoyer" onClick="verifForm(this.form)">
</FORM>
```

Compatibilité

Tab. 2.6 : Compatibilité du script	
Navigateurs	Compatibilité
Internet Explorer 3 et plus	Oui
Netscape 3 et plus	Oui

Explications

Voyons le script de plus près :

```
function verifForm(formulaire)
{
```

Ainsi que vous devez commencer à connaître, nous débutons une déclaration de fonction. Nous passons un paramètre dans cette fonction : formulaire. Lorsque la fonction sera appelée plus tard dans le script, nous y indiquerons à quel formulaire elle doit s'appliquer.

```
if(formulaire.nom.value == "" || formulaire.prenom.value == "")
```

Nous vérifions que les champs *nom* et *prenom* du formulaire ne sont pas vides. S'ils le sont, nous exécutons la commande qui suit directement :

```
alert('Remplissez tous les champs !!');
```

Nous affichons un petit message d'alerte :

```
else
formulaire.submit();
}
```

Si le formulaire est correctement rempli, nous validons le formulaire :

```
<FORM ACTION="http://www.site.com/programme.php">
Entrez votre nom :<BR>
<INPUT TYPE="text" NAME="nom" SIZE=20><BR><BR>
Entrez votre prénom : <BR>
<INPUT TYPE="text" NAME="prenom" SIZE=20><BR><BR>
```

Jusqu'ici, rien de bien extraordinaire, simplement du HTML. L'attribut `action` du formulaire est le programme vers lequel votre formulaire doit pointer.

```
<INPUT TYPE="button" VALUE="Envoyer" onClick="verifForm(this.form)">
```

C'est ici que tout se passe ! Nous remplaçons l'habituel `<INPUT TYPE=submit>` par un simple bouton `<INPUT TYPE="button">`, auquel nous associons l'événement `onClick`. Nous passons le formulaire courant (`this.form`) en paramètres de la fonction.

```
</FORM>
```

Nous refermons le formulaire.

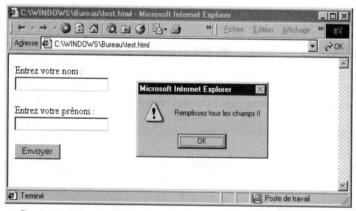

▲ Fig. 2.16 : *Vous ne saisissez rien dans les champs ?*

Astuce

Recevoir le formulaire par e-mail

Si vous désirez recevoir ce qu'ont entré vos visiteurs dans votre boîte électronique, il vous faudra le faire pointer vers un *Mailer*, c'est-à-dire un programme qui va gérer les résultats de votre formulaire pour vous l'envoyer. Vous en trouverez quelques-uns à cette adresse : www.legratuit.com/Outils_pour_sites_web/Formulaires/.

2.6 Maximiser la fenêtre automatiquement

La plupart du temps, la fenêtre de votre navigateur n'utilise pas pleinement la surface d'affichage de votre écran. Et, de la même façon, vos visiteurs n'ont sûrement pas eu la bonne idée d'agrandir leur fenêtre pour profiter pleinement de votre site.

Eh bien, nous allons le faire pour eux !

De quoi avons-nous besoin ? Nous savons depuis le chapitre précédent accéder aux propriétés et méthodes des objets *screen*, qui représentent la fenêtre de navigation. Nous pouvons lire la taille en pixels de l'écran (screen.availWidth, screen.availHeight) et modifier la taille actuelle de la fenêtre (resizeTo()).

Il ne nous manque rien, il est donc maintenant très facile d'écrire le script :

```
<SCRIPT LANGUAGE="JavaScript1.2">
maxx= screen.availWidth;
maxy= screen.availHeight;
window.moveTo(0,0);
window.resizeTo(x,y);
</SCRIPT>
```

Nous plaçons tout d'abord la fenêtre en haut à gauche de l'écran :

```
window.moveTo(0,0);
```

Puis nous lui indiquons de modifier sa taille, avec comme largeur la taille de l'écran stockée dans la variable maxx et comme hauteur, dans maxy.

Ce script ne doit pas être placé n'importe où, il doit bien évidemment se trouver dans la partie HEAD de votre document HTML, afin d'agrandir la fenêtre dès son ouverture et non pas après son chargement.

Ce script est très simple et bien utile, vous êtes alors sûr que l'internaute profitera de votre site et ne loupera pas quelque information importante qu'il ne voit pas à l'écran.

Remarque

Version de JavaScript

Comme vous l'avez sûrement remarqué, le script utilise des fonctions JavaScript 1.2. Il ne marchera donc pas avec les vieux navigateurs. Spécifiez bien la version de JavaScript employée, afin de ne pas provoquer d'erreurs !

Compatibilité

Tab. 2.7 : Compatibilité du script

Navigateurs	Compatibilité
Internet Explorer 4 et plus	Oui
Internet Explorer 3	Non
Netscape 3 et plus	Oui

2.7 Gestion de bannières

Nous vous proposons maintenant de gérer votre espace publicitaire grâce au JavaScript. Voici ce que nous désirons faire :

- Afficher une bannière au hasard à chaque appel de la page.
- Faire en sorte que toutes les pages puissent se référer à la même "base" de bannière.

- Simplifier le travail : si une bannière doit être ajoutée dans la "base", un seul fichier doit être à modifier pour que la modification soit tout de suite prise en compte sur toutes les pages du site.

- Au bout de 2 minutes, la bannière doit se rafraîchir pour qu'une nouvelle soit affichée à sa place.

Le script

Le script est en deux parties. La première est dans un fichier externe, nommé *pub.js* :

```
url = new Array;
imageUrl=new Array;

// IMAGE 1
url[0] = "http://www.site1.com";
imageUrl[0] = "ban1.gif";

// IMAGE 2
url[1] = "http://www.site2.com";
imageUrl[1] = "ban2.gif";

// IMAGE 3
url[2] = "http://www.site3.com";
imageUrl[2] = "ban3.gif";

affiche = false;

function AffichePub()
{
if(!affiche)
{
numimage= Math.round(Math.random()*(url.length-1));
document.write ('<A HREF="#"
onClick="window.open(url[numimage],\'_blank\')"><IMG SRC="' +
imageUrl[numimage] + '" WIDTH=400 HEIGHT=40 BORDER=0 NAME=pub></A>')
affiche = true;
}
else
{
if(numimage == (url.length-1))
numimage = 0;
else
numimage++;
document.pub.src=imageUrl[numimage];
}
```

```
setTimeout("AffichePub()",120000);
}

AffichePub();
```

La seconde partie est celle que vous allez inclure dans toutes vos pages à l'endroit où vous désirez voir apparaître le bandeau de pub, donc entre <BODY> et </BODY> :

```
<SCRIPT language="JavaScript" SRC="pub.js"></SCRIPT>
```

Compatibilité

Tab. 2.8 : Compatibilité du script	
Navigateurs	Compatibilité
Internet Explorer 4 et plus	Oui
Netscape 3 et plus	Oui
Internet Explorer 3 et moins	Non
Netscape 2 et moins	Non

Explications

Le script est placé dans un fichier externe, que nous avons nommé *pub.js*. Toutes vos pages vont donc pouvoir se référer à ce script. Ainsi, si un jour vous désirez modifier le script, vous n'aurez qu'un fichier à retoucher pour que tout votre site soit mis à jour.

Astuce

Comment créer un fichier .js ?

Les éditeurs WYSIWYG (ceux qui travaillent en mode graphique) ne permettent généralement pas de créer de fichier portant l'extension *.js*. Sachez que vous pouvez tout simplement utiliser le bloc-notes ou, mieux, des éditeurs évolués comme WebExpert, que vous pouvez télécharger à cette adresse : www .visic.com.

Nous commençons par lister toutes les bannières. Nous stockons l'emplacement de chaque bannière dans un tableau imageUrl et le lien qui lui est associé dans un second tableau nommé url.

Nous devons donc commencer par déclarer nos tableaux :

```
url = new Array;
imageUrl=new Array;
```

Puis nous entrons les paramètres de chaque bannière :

```
// IMAGE 1
url[0] = "http://www.site1.com";
imageUrl[0] = "http://www.site1.com/ban1.gif";

// IMAGE 2
url[1] = "http://www.site2.com";
imageUrl[1] = "http://www.site1.com/ban2.gif";

// IMAGE 3
url[2] = "http://www.site3.com";
imageUrl[2] = "http://www.site1.com/ban3.gif";
```

Nous déclarons une variable affiche et lui assignons la valeur booléenne false. Celle-ci nous servira plus tard dans le script.

```
affiche = false;
```

Passons maintenant à la fonction qui nous permettra d'afficher les bandeaux, puis de les rafraîchir. Nous devons donc déclarer cette fonction :

```
function AffichePub()
{
```

Il s'agit maintenant de distinguer si un bandeau a déjà été affiché sur la page ou non. Sinon il faudra écrire le code HTML. Si oui, il faudra juste afficher un second bandeau.

```
if(!affiche)
{
```

C'est donc ici que nous allons utiliser notre variable affiche déclarée plus haut. Ainsi, dans notre script, les instructions suivantes ne seront exécutées que si affiche est égal à false, ce qui est pour l'instant le cas.

```
numimage= Math.round(Math.random()*(url.length-1));
```

Nous tirons un nombre compris entre 0 et 1 au hasard, grâce à la fonction Math.random(). Nous multiplions ensuite ce chiffre par le nombre total de bannières différentes enregistrées, moins un. Le numéro tiré au hasard est donc maintenant compris entre 0 et 2. Il ne reste plus qu'à arrondir le résultat à l'entier le plus proche pour obtenir trois résultats possibles : 0, 1 et 2.

Il ne reste plus qu'à afficher la bannière correspondant à ce chiffre :

```
document.write ('<A HREF="#"
onClick="window.open(url[numimage],\'_blank\')"><IMG SRC="' +
imageUrl[numimage] + '" WIDTH=400 HEIGHT=40 BORDER=0 NAME=pub></A>')
```

Vous remarquerez que nous avons écrit le lien sous cette forme : <A HREF="#" onClick="window.open(url[numimage],\'_blank\')">, ce qui permet de le rendre dynamique. Ainsi, si au moment où il est cliqué la variable numimage est égale à 0, alors une fenêtre s'ouvrira pour afficher le site http://www.site1.com. Mais nous savons que notre image est destinée à être rafraîchie. Il se peut donc qu'au moment du clic une nouvelle bannière ait pris le relais. La variable numimage aura alors changé, pour passer par exemple à la valeur 1. À ce moment, la nouvelle fenêtre s'ouvrira vers http://www.site2.com. Remarquez que nous avons aussi ajouté un attribut NAME à notre image. Ceci nous permettra de la rafraîchir.

```
affiche = true;
```

Pour savoir que l'image est désormais affichée, nous passons la variable affiche à true.

```
}
else
{
```

Cette partie du script ne sera exécutée que si la variable affiche est égale à true, c'est-à-dire uniquement si le code HTML de la bannière est déjà affiché sur le navigateur.

```
if(numimage == (url.length-1))
numimage = 0;
```

Si la variable numimage (qui est le numéro de la bannière affichée) est égale au nombre maximal d'images possibles, c'est-à-dire deux dans notre exemple, nous repassons numimage à zéro.

```
else
numimage++;
```

Sinon nous incrémentons seulement numimage.

```
document.pub.src=imageUrl[numimage];
```

Cette ligne de commande va simplement changer la bannière actuellement affichée par celle correspondant à la variable numimage que nous venons de modifier.

```
}
setTimeout("AffichePub()",120000);
```

Nous demandons à JavaScript d'exécuter à nouveau la fonction AffichePub() dans 2 minutes.

```
}
```

Et voilà, la fonction gérant l'impression des bandeaux est entièrement définie. Il ne reste plus qu'à la lancer :

```
AffichePub();
```

En résumé, au chargement de la page, JavaScript tire une bannière au hasard puis l'affiche. La fonction s'exécute de nouveau 2 minutes plus tard. Grâce à notre variable affiche, JavaScript sait alors qu'un bandeau a déjà été imprimé sur la page et procède simplement à son rafraîchissement en affichant le bandeau suivant.

Il ne vous reste plus qu'à placer dans toutes vos pages le petit code qui va appeler ce fichier externe :

```
<SCRIPT language="JavaScript" SRC="pub.js"></SCRIPT>
```

Placez ce code où vous désirez voir apparaître les bandeaux, entre les balises <BODY> et </BODY>.

Attention

Prenez garde au chemin du fichier

L'exemple que nous vous donnons ne marchera que si le fichier *pub.js* est dans le même répertoire que votre page. Si l'architecture de votre site ne le permet pas, vous devrez adapter le chemin du fichier *pub.js* en circonstance. Par exemple, si votre fichier *pub.js* se trouve à la racine de votre site et que votre page web se trouve dans le répertoire *musique*, le bout de code qu'elle contient sera celui-ci :

```
<SCRIPT language="JavaScript"
SRC="../pub.js"></SCRIPT>.
```

▲ Fig. 2.17 : *Un bandeau est affiché au hasard*

▲ Fig. 2.18 : *Deux minutes après, le bandeau suivant prend le relais*

▲ Fig. 2.19 : *Deux minutes plus tard, le bandeau suivant s'affiche à son tour*

Remarque

Comment personnaliser ce script ?

Il vous suffit de définir vos propres variables url et imageUrl en remplaçant http://www.site1.com par l'adresse du site et http://www.site1.com/ban1.gif par l'adresse de l'image, et ceci pour chacune des images. Si vous désirez insérer plus de bannières, prenez soin de créer de nouvelles entrées de tableau :

```
url[3] = "http://www.site3.com";
imageUrl[3] = "http://www.site3.com/ban3.gif";
url[4] = "http://www.site4.com";
imageUrl[4] = "http://www.site4.com/ban4.gif";
```

Remarque

Et pour compter le nombre d'affichages et de clics ?

Il est impossible en JavaScript de pouvoir compter le nombre d'affichages de tel ou tel bandeau ou encore le nombre de clics. En effet, il est important de se rappeler que celui-ci s'exécute du côté client (c'est-à-dire sur le navigateur) et non sur le serveur. Il est alors impossible de tenir une comptabilité, car celle-ci ne peut être stockée nulle part.

2.8 L'heure et la date en images

JavaScript est un expert dans la manipulation des dates et des images. Il existe un effet intéressant, qui consiste à afficher la date et l'heure, non pas avec du simple texte et des document.write(), mais avec des images. Pour cela, il faut d'abord préparer les images avec votre éditeur graphique préféré : les chiffres de 0 à 9, une barre ("slash") pour séparer les champs de la date, un "H" pour heure et un "m" pour minute, soit 13 images en tout et pour tout. Vous pouvez aussi trouver des images toutes faites en téléchargeant le fichier zip situé à cette adresse : www .editeurjavascript.com/images/exemple/chiffres.zip.

Compatibilité

Tab. 2.9 : Compatibilité du script	
Navigateurs	Compatibilité
Internet Explorer 4 et plus	Oui
Internet Explorer 3	Non
Netscape 3 et plus	Oui

Le script

Une fois ceci fait, intéressons-nous au script :

```
<HTML><HEAD>

<TITLE>La date et l'heure en images</TITLE>

<SCRIPT LANGUAGE="JavaScript">
i0 = new Image;
i1 = new Image;
i2 = new Image;
i3 = new Image;
i4 = new Image;
i5 = new Image;
i6 = new Image;
i7 = new Image;
i8 = new Image;
i9 = new Image;
imgSrc = new Array;
imgSrc[0] ='images/h0.gif';
imgSrc[1] ='images/h1.gif';
imgSrc[2] ='images/h2.gif';
imgSrc[3] ='images/h3.gif';
imgSrc[4] ='images/h4.gif';
imgSrc[5] ='images/h5.gif';
imgSrc[6] ='images/h6.gif';
imgSrc[7] ='images/h7.gif';
imgSrc[8] ='images/h8.gif';
imgSrc[9] ='images/h9.gif';
i0.src = imgSrc[0];
i1.src = imgSrc[1];
i2.src = imgSrc[2];
i3.src = imgSrc[3];
i4.src = imgSrc[4];
i5.src = imgSrc[5];
i6.src = imgSrc[6];
i7.src = imgSrc[7];
i8.src = imgSrc[8];
i9.src = imgSrc[9];

function HeureCheck() {
    varTemps = new Date;
    heure = varTemps.getHours();
    min = varTemps.getMinutes();
    sec = varTemps.getSeconds();
    jour = varTemps.getDate();
    mois = varTemps.getMonth()+1;
    annee = varTemps.getFullYear();
```

```
    if (sec < 10) { sec0 = "0"; }
    else { sec0 = ""; }
    if (min < 10) { min0 = "0"; }
    else { min0 = ""; }
    if (heure < 10) { heure0 = "0"; }
    else { heure0 = ""; }
    if (mois < 10) { mois0 = "0"; }
    else { mois0 = ""; }
    if (jour < 10) { jour0 = "0"; }
    else { jour0 = ""; }
    DinaDate = "" + jour0 + jour + mois0 + mois + annee;
    DinaHeure = heure0 + heure + min0 + min + sec0 + sec;
    char1h = DinaHeure.charAt(0);
    document.heure1.src = imgSrc[char1h];
    char2h = DinaHeure.charAt(1);
    document.heure2.src = imgSrc[char2h];
    char1m = DinaHeure.charAt(2);
    document.min1.src = imgSrc[char1m];
    char2m = DinaHeure.charAt(3);
    document.min2.src = imgSrc[char2m];
    char1s = DinaHeure.charAt(4);
    document.sec1.src = imgSrc[char1s];
    char2s = DinaHeure.charAt(5);
    document.sec2.src = imgSrc[char2s];
    char1h = DinaDate.charAt(0);
    document.jour1.src = imgSrc[char1h];
    char2h = DinaDate.charAt(1);
    document.jour2.src = imgSrc[char2h];
    char 1m = DinaDate.charAt(2);
    document.mois1.src = imgSrc[char1m];
    char 2m = DinaDate.charAt(3);
    document.mois2.src = imgSrc[char2m];
    char1s = DinaDate.charAt(4);
    document.annee1.src = imgSrc[char1s];
    char2s = DinaDate.charAt(5);
    document.annee2.src = imgSrc[char2s];
    char3s = DinaDate.charAt(6);
    document.annee3.src = imgSrc[char3s];
    char4s = DinaDate.charAt(7);
    document.annee4.src = imgSrc[char4s];
    tempo = setTimeout("HeureCheck()", 1000)
}
</SCRIPT></HEAD>

<BODY BGCOLOR=#000000 onLoad="HeureCheck()" onUnload="clearTimeout(tempo)">

<TABLE CELLPADDING=0 CELLSPACING=0><TR><TD>
<IMG SRC="images/h0.gif" NAME="jour1">
<IMG SRC="images/h0.gif" NAME="jour2">
```

```
<IMG SRC="images/hs.gif">
<IMG SRC="images/h0.gif" NAME="mois1">
<IMG SRC="images/h0.gif" NAME="mois2">
<IMG SRC="images/hs.gif">
<IMG SRC="images/h2.gif" NAME="annee1">
<IMG SRC="images/h0.gif" NAME="annee2">
<IMG SRC="images/h0.gif" NAME="annee3">
<IMG SRC="images/h0.gif" NAME="annee4"></TD></TR></TABLE>

<TABLE CELLPADDING=0 CELLSPACING=0><TR><TD>
<IMG SRC="images/h0.gif" NAME="heure1">
<IMG SRC="images/h0.gif" NAME="heure2">
<IMG SRC="images/hh.gif">
<IMG SRC="images/h0.gif" NAME="min1">
<IMG SRC="images/h0.gif" NAME="min2">
<IMG SRC="images/hm.gif">
<IMG SRC="images/h0.gif" NAME="sec1">
<IMG SRC="images/h0.gif" NAME="sec2">
</TD></TR></TABLE>

</BODY></HTML>
```

En premier lieu, nous enregistrons toutes les images dans des variables, il sera plus facile de les manipuler par la suite :

```
i0 = new Image;
...
i9 = new Image;
imgSrc = new Array;
imgSrc[0] ='images/h0.gif';
...
imgSrc[9] ='images/h9.gif';
i0.src = imgSrc[0];
...
i9.src = imgSrc[9];
```

Intéressons-nous au corps du document. Au chargement de la page, la fonction HeureCheck() est appelée, nous la verrons en détail par la suite (voir fig. 2.20).

La page est composée de deux tableaux. Le premier est constitué de 10 images, puisque la date contient 10 caractères (vérifiez vous-même : 22/08/1979), et le second, de 8 images (15H46m10).

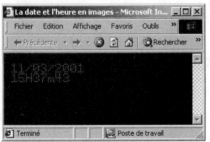

◄ Fig. 2.20 :
Avouez que c'est
indéniablement
plus beau !

Les images qui sont susceptibles d'être modifiées (c'est-à-dire toutes sauf les slashes, "H" et "m") sont nommées, afin que JavaScript puisse les "voir", par document.nomimage, et les modifier, par document.nomimage.src.

La fonction HeureCheck(), même si elle est longue, est assez simple. On commence par assigner les différentes valeurs de la date et de l'heure à des variables :

```
varTemps = new Date;
heure = varTemps.getHours();
min = varTemps.getMinutes();
sec = varTemps.getSeconds();
jour = varTemps.getDate();
mois = varTemps.getMonth()+1;
annee = varTemps.getFullYear();
```

Les jours, heures, minutes et secondes ne contiennent pas forcément deux chiffres. Il faut donc ajouter un zéro devant une valeur inférieure à 10. On en profite pour définir sec0, min0, heure0, mois0, qui contiendront soit "0", soit rien suivant sec, min, heure, mois. En les concaténant, on obtiendra les valeurs avec les 0 significatifs.

```
if (sec < 10) { sec0 = "0"; }
else { sec0 = ""; }
if (min < 10) { min0 = "0"; }
else { min0 = ""; }
if (heure < 10) { heure0 = "0"; }
else { heure0 = ""; }
if (mois < 10) { mois0 = "0"; }
else { mois0 = ""; }
```

```
if (jour < 10) { jour0 = "0"; }
else { jour0 = ""; }
```

C'est d'ailleurs ce que nous faisons à l'étape suivante, en créant deux variables, DinaDate et DinaHeure, qui contiendront la date et l'heure au format *22081979* et *162722* :

```
DinaDate = "" + jour0 + jour + mois0 + mois + annee;
DinaHeure = heure0 + heure + min0 + min + sec0 + sec;
```

Nous devons maintenant modifier les images suivant l'heure. Ainsi, la première image, heure1, recevra comme valeur src le nom de l'image correspondant à sa valeur, prenant le caractère numéro 0 de DinaDate, extrait grâce à la méthode charAt(). Vous suivez ? Mieux vaut un exemple.

Si DinaDate=12081979, char1h = charAt(0) = 1, alors on fixe la première image de la date, jour1, à imgSrc[1], qui vaut *images/h1.gif*, et de même pour chacune des 8 images de la date et des 6 images de l'heure.

```
    char1h = DinaHeure.charAt(0);
    document.heure1.src = imgSrc[char1h];
...
    char2s = DinaHeure.charAt(5);
    document.sec2.src = imgSrc[char2s];
    char1h = DinaDate.charAt(0);
    document.jour1.src = imgSrc[char1h];
...
    char4s = DinaDate.charAt(7);
    document.annee4.src = imgSrc[char4s];
```

Enfin, maintenant que la date et l'heure sont affichées avec de magnifiques images, on demande à JavaScript d'appeler à nouveau cette fonction dans une seconde, afin de mettre constamment à jour les données :

```
    tempo = setTimeout("HeureCheck()", 1000)
```

Renvoi

setTimeout() est une fonction avancée de temps, vous en saurez plus dans le chapitre *Plus loin*.

2.9 Textes aléatoires

Le but de ce script est simple. Nous voulons afficher en bas de chaque page un lien vers une autre rubrique du site.

Le script

Cette partie du script sera placée dans un fichier nommé *messages.js* :

```
var HazMess=new Array();
var HazLien=new Array();

HazMess[0]= 'Visitez ma page recette de cuisine !';
HazLien[0] = 'cuisine.html';

HazMess[1]= 'Cliquez ici pour lire votre horoscope !';
HazLien[1] = 'astres.html';

HazMess[2]= 'Des conseils santé ? Cliquez ici !'
HazLien[2] = 'sante.html';

HazMess[3]= 'Consultez la rubrique voyage !'
HazLien[3] = 'voyages.html';

HazMess[4]= 'Les dernieres nouveautés musicales ? Cliquez ici !'
HazLien[4] = 'musique.html';

HazMess[5]= 'Mes critiques de cinéma c\'est par là !'
HazLien[5] = 'cine.html';

HazMess[6]= 'Venez signer mon livre d\'or !'
HazLien[6] = 'guestbook.html';

PhraseTiree = Math.round(Math.random() * (HazMess.length-1))
document.write('<A
HREF="'+HazLien[PhraseTiree]+'">'+HazMess[PhraseTiree]+'</A>');
```

La seconde partie est celle que vous allez inclure dans toutes vos pages à l'endroit où vous désirez voir apparaître le bandeau de pub, donc entre <BODY> et </BODY> :

```
<SCRIPT language="JavaScript" SRC="messages.js"></SCRIPT>
```

Compatibilité

Tab. 2.10 : Compatibilité du script	
Navigateurs	Compatibilité
Internet Explorer 3 et plus	Oui
Netscape 3 et plus	Oui

Explications

Comme dans l'exemple "gestion de bannières", le script est stocké dans un fichier externe (*messages.js*). De cette façon, il sera facile d'ajouter un message supplémentaire sans être obligé de retoucher toutes les pages.

Nous allons placer les messages et leurs liens dans des tableaux, ce qui permettra de les tirer au sort facilement. Nous déclarons donc nos deux tableaux :

```
var HazMess=new Array();
var HazLien=new Array();
```

Le tableau HazMess va stocker les messages et le tableau HazLien recevra les adresses des pages en rapport avec ces messages.

```
HazMess[0]= 'Visitez ma page recette de cuisine !';
HazLien[0] = 'cuisine.html';

HazMess[1]= 'Cliquez ici pour lire votre horoscope !';
HazLien[1] = 'astres.html';

HazMess[2]= 'Des conseils santé ? Cliquez ici !'
HazLien[2] = 'sante.html';

HazMess[3]= 'Consultez la rubrique voyage !'
HazLien[3] = 'voyages.html';

HazMess[4]= 'Les dernieres nouveautés musicales ? Cliquez ici !'
HazLien[4] = 'musique.html';

HazMess[5]= 'Mes critiques de cinéma c\'est par là !'
HazLien[5] = 'cine.html';
```

```
HazMess[6]= 'Venez signer mon livre d\'or !'
HazLien[6] = 'guestbook.html';
```

Nous enregistrons donc tous les messages et les adresses dans les tableaux. Il va donc maintenant falloir tirer un lien au hasard. Pour cela, nous utilisons la fonction Math.random() :

```
PhraseTiree = Math.round(Math.random() * (HazMess.length-1))
```

Nous avons déjà vu cette méthode dans l'exemple "gestion de bannières", il ne devrait donc plus vous poser de problème. La variable PhraseTiree sera donc un entier compris entre 0 et le nombre de messages enregistrés moins un, soit 6.

Nous devons maintenant demander à JavaScript d'afficher le lien correspondant :

```
document.write('<A
HREF="'+HazLien[PhraseTiree]+'">'+HazMess[PhraseTiree]+'</A>');
```

Et voilà, le script est terminé pour le fichier externe ! Il ne reste plus qu'à appeler ce programme dans nos pages pour afficher le lien :

```
<SCRIPT language="JavaScript" SRC="messages.js"></SCRIPT>
```

À vous maintenant de personnaliser ce script. Vous n'avez qu'à modifier les tableaux HazLien et HazMess à votre convenance.

Remarque

Et pour le type de police ?

Vous désirez afficher les messages suivant votre propre police, avec une taille et une couleur de votre choix, et vous ne savez pas comment vous y prendre ? En fait, c'est vraiment très simple. Le script ne fait qu'afficher du HTML. Il suffit donc de l'entourer des balises <FONT> et </FONT> qui vous conviennent.

Remarque

Si vous désirez afficher vos messages en Arial, de taille 2 et en rouge, vous obtiendrez un code comme celui-ci :

```
<FONT FACE="Arial" SIZE=2 COLOR=red><SCRIPT
language="JavaScript"
SRC="messages.js"></SCRIPT></FONT>
```

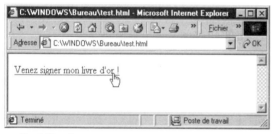

▲ Fig. 2.21 : *On vous invite à venir signer le livre d'or. Et si on recharge la page ?*

2.10 Afficher le temps restant jusqu'à une date

Même si JavaScript s'en sort bien avec les fonctions relatives au temps, travailler sur les dates n'est jamais aisé. Un des calculs que l'on est souvent amené à effectuer est le temps séparant deux dates. Nous allons vous montrer ici comment calculer le temps nous séparant d'une date future, avec le script suivant :

```
<HTML><HEAD><TITLE>Temps séparant deux dates</TITLE></HEAD>
<BODY>

<SCRIPT LANGUAGE="JavaScript">
var futurannee=2002;
var futurmois=12;
var futurjour=25;
Maintenant = new Date;
TempMaintenant = Maintenant.getTime();
Futur = new Date(futurannee, futurmois, futurjour);
TempFutur = Futur.getTime();
DiffSec = Math.floor((TempFutur-TempMaintenant)/1000);
DiffMin = Math.floor(DiffSec/60);
```

```
DiffHeure = Math.floor(DiffMin/60);
DiffJour = Math.floor(DiffHeure/24);
DiffMin = DiffMin % 60;
DiffHeure = DiffHeure % 24;
DiffSec = DiffSec % 60;
document.write('Il nous reste encore'+DiffJour+' jours'+DiffHeure+'
➥ heures');
document.write(DiffMin+' minutes et'+DiffSec+' secondes, pas la peine
➥ de se presser !');
</SCRIPT>

</BODY></HTML>
```

Premièrement, définissons quelle sera la date de comparaison, en créant trois variables correspondant à l'année, au mois et au jour :

```
var futurannee=2002;
var futurmois=12;
var futurjour=25;
```

Il sera facile plus tard, si besoin est, de remplacer ces valeurs par des champs de formulaire, afin de rendre le script plus interactif.

Créons ensuite une variable date contenant la date d'aujourd'hui ; ce n'est pas compliqué, nous l'avons déjà vu plusieurs fois :

```
Maintenant = new Date;
TempMaintenant = Maintenant.getTime();
```

Et faisons de même pour la date future :

```
TempFutur = Futur.getTime();
```

Souvenez-vous qu'une date JavaScript est composée de millisecondes. En soustrayant la date actuelle à la date future et en divisant le résultat par mille, nous obtenons le nombre de secondes séparant les deux dates. C'est un bon début, non ?

```
DiffSec = Math.floor((TempFutur-TempMaintenant)/1000);
```

Notez que pour chacune des opérations mathématiques nous devons arrondir par défaut les résultats, puisque nous travaillons avec des entiers.

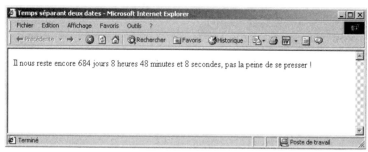

▲ Fig. 2.22 : *Hou là ! On a encore le temps...*

Il nous est maintenant facile de calculer les minutes, heures et jours qui nous séparent de la date future, simplement en divisant chaque résultat :

```
DiffMin = Math.floor(DiffSec/60);
DiffHeure = Math.floor(DiffMin/60);
DiffJour = Math.floor(DiffHeure/24);
```

Il reste une étape. Nous connaissons le nombre d'heures, de minutes et de secondes totales séparant les deux dates. Ce n'est pas ce que nous voulons. Par exemple, nous savons que les dates sont séparées par 128 secondes ; ce qui nous donne (128/60) = 2 minutes entières, et le reste de la division en secondes, soit 128 modulo 60 = 8 secondes.

L'opération mathématique modulo, qui donne le reste de la division de deux nombres, s'obtient en JavaScript par l'opérateur % (voir le chapitre précédent).

Calculons alors les heures, minutes, secondes restantes :

```
DiffMin = DiffMin % 60;
DiffHeure = DiffHeure % 24;
DiffSec = DiffSec % 60;
```

Le script est quasiment terminé, il reste à écrire le résultat de nos calculs :

```
document.write('Il nous reste encore'+DiffJour+' jours'+DiffHeure+'
➡ heures');
document.write(DiffMin+' minutes et'+DiffSec+' secondes, pas la peine
➡ de se presser !');
```

Compatibilité

Tab. 2.11 : Compatibilité du script	
Navigateurs	Compatibilité
Internet Explorer 4 et plus	Oui
Internet Explorer 3	Non
Netscape 3 et plus	Oui

2.11 Vérifier une adresse e-mail

Vous avez un petit formulaire, par exemple d'inscription à votre mailing-list, dans lequel vos visiteurs doivent entrer leur adresse e-mail, et vous désirez vérifier avant l'envoi que la saisie de cet élément semble correcte. JavaScript s'en charge !

Le script

Entre <HEAD> et </HEAD> :

```
<SCRIPT LANGUAGE="JavaScript">
function VerifEmail(formulaire)
{
adresse = formulaire.email.value;
var place = adresse.indexOf("@",1);
var point = adresse.indexOf(".",place+3);
if (place > -1 && point > 1 && point+2 < adresse.length)
formulaire.submit();
else
alert('Entrez une adresse e-mail valide!!');
}
</SCRIPT>
```

Entre <BODY> et </BODY> le code HTML du formulaire :

```
<FORM ACTION="programme.php" METHOD=GET>
<INPUT TYPE=text NAME=email VALUE="Votre email ici"
onFocus="this.value = ''">
<INPUT TYPE="button" VALUE="OK !" onClick="VerifEmail(this.form)">
<FORM>
```

Compatibilité

Tab. 2.12 : Compatibilité du script	
Navigateurs	Compatibilité
Internet Explorer 3 et plus	Oui
Netscape 3 et plus	Oui

Explications

Nous allons donc créer une fonction qui vérifiera si le champ email du formulaire correspond à un format valide d'adresse e-mail, c'est-à-dire X@XX.XX. Cette fonction sera lancée quand l'utilisateur cliquera sur le bouton de validation.

```
<SCRIPT LANGUAGE="JavaScript">
function VerifEmail(formulaire)
{
```

Nous déclarons donc la fonction en lui passant en paramètre le formulaire à tester.

```
adresse = formulaire.email.value;
```

Cette ligne permet de récupérer ce qui a été tapé dans le champ email du formulaire et de le placer dans une variable nommée adresse.

```
var place = adresse.indexOf("@",1);
```

Nous détectons la position du "@" dans la variable adresse, en commençant notre recherche à partir du second caractère. Si aucun "@" n'est trouvé, la variable place vaudra -1, sinon place prendra comme valeur la position du "@" dans la chaîne.

Le fait de commencer la recherche du "@" seulement à partir du second caractère de notre chaîne permet d'être sûr qu'il y a au moins un caractère avant ce signe.

```
var point = adresse.indexOf(".",place+3);
```

Nous recherchons maintenant le point, en commençant par trois caractères après la position du signe "@". Si le point n'est pas trouvé, la variable point prendra la valeur -1.

```
if (place > -1 && point > 1 && point+2 < adresse.length)
formulaire.submit();
else
alert('Entrez une adresse e-mail valide!!');
```

C'est cette opération conditionnelle qui va détecter si la variable adresse a un format correct ou non. En effet, si l'arobase ainsi que le point sont bien trouvés et qu'il reste au moins deux caractères après le point, alors le formulaire est validé, sinon un message d'erreur s'affiche.

Il ne reste plus qu'à fermer notre déclaration de fonction :

```
}
</SCRIPT>
```

Cette partie du script est placée dans l'en-tête de la page, pour être chargée tout de suite dans le navigateur.

Le formulaire, quant à lui, est à modifier pour permettre l'exécution du script :

```
<FORM ACTION="programme.php" METHOD=GET>
<INPUT TYPE=text NAME=email VALUE="Votre email ici"
onFocus="this.value = ''">
```

Ces lignes ne changent pas. L'attribut `ACTION` est le programme qui va être appelé quand le formulaire sera validé et qui traitera ses informations.

Vous remarquerez que nous avons placé un petit script dans notre champ `email`. Celui-ci n'a rien à voir avec notre programme de vérification d'e-mail, mais permet simplement de vider le contenu du champ lorsque celui-ci est sélectionné. Ainsi, lorsque la page se charge, il contient le texte "Votre email ici", et lorsque le visiteur clique dessus pour y entrer son adresse, le champ se vide tout seul grâce à l'instruction `this.value = ''`.

```
<INPUT TYPE="button" VALUE="OK !" onClick="VerifEmail(this.form)">
```

À la place d'un `<INPUT TYPE=SUBMIT>`, nous plaçons un simple bouton, qui, au clic, lance la fonction de vérification `VerifEmail()`. Le paramètre `this.form` indique au programme que c'est dans le formulaire où est placé le bouton qu'il va falloir vérifier le format de l'adresse e-mail.

Il ne reste plus qu'à fermer notre formulaire :

```
<FORM>
```

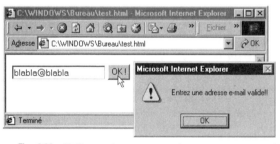

▲ Fig. 2.23 : *Voilà ce qui se passe quand on ne rentre pas une bonne adresse e-mail*

2.12 Jeu : le plus ou moins

JavaScript permet de programmer quelques jeux intéressants. Certes, ils ne rivaliseront pas avec Tomb Raider, Rayman ou Counter-Strike, mais ils sont souvent amusants et surtout ils sont de bonnes leçons pour les amateurs du langage.

Voici donc le plus ou moins, jeu bien connu édité pour la énième fois, ici en JavaScript.

```
<HTML>
<HEAD>
<TITLE>Le plus ou moins</TITLE>
</HEAD>

<SCRIPT LANGUAGE="JavaScript">
var URlpage = location.href;
var cook;
nom = "cedric"
var best;
var place;
compteur=1
var place2;
cook = document.cookie;
place = cook.indexOf("topscor=",0);
if (place <= -1)  {
    best = "Pas de record" }
else {
    end = cook.indexOf(";",place)
    if (end <= -1)
        {best = cook.substring(place+8,cook.length);}
    else
        {best = cook.substring(place+8,end);}
}
place2 = cook.indexOf("point=",1);
if (place2 <= -1) {
    bests = "2000" }
else {
    end2 = cook.indexOf(";",place2)
    if (end2 <= -1)
        {bests = cook.substring(place2+6,cook.length);}
    else
        {bests = cook.substring(place2+6,end2);}
}
plustard = new Date(2020,11,11);
plustard = plustard.toGMTString();

var secret = Math.round(Math.random() * 1000)

function record() {
    document.jeu.rejou.value = "Nouvelle Partie";
    if (compteur < bests) {
        nom = prompt('Vous avez réalisé le meilleur score!\nEntrez
        ➥ votre nom','Votre nom ici');
        best1 = nom.toUpperCase() +' avec' + compteur +' coups';
        document.cookie ='topscor=' + best1 +'; expires=' + plustard +';';
```

```
        document.cookie ='point=' + compteur +'; expires=' + plustard +';';
        location.href = URlpage;
    }
}

function verif() {
    if (document.jeu.essai.value > secret)
        {document.jeu.resultat.value = document.jeu.essai.value +'
        ➥ est trop grand';}
    if (document.jeu.essai.value < secret)
        {document.jeu.resultat.value = document.jeu.essai.value +'
        ➥ est trop petit';}
    if (document.jeu.essai.value == secret) {
        document.jeu.nbessai.value = " ";
        document.jeu.resultat.value ='Victoire en' + compteur +' coups!';
        record();
    }
    document.jeu.nbessai.value = ++compteur
    document.jeu.essai.value="";
    document.jeu.essai.focus();
}
function raz() {
    avant = new Date(96,11,11);
    avant = avant.toGMTString();
    best1 = nom +' avec' + compteur +' coups';
    document.cookie ='topscor=' + best1 +'; expires=' + avant +';';
    document.cookie ='point=' + compteur +'; expires=' + avant +';';
    location.href = URlpage;
}

</SCRIPT>

<BODY>

<CENTER>
<FONT SIZE=2 FACE="Verdana, Arial"><FORM NAME="jeu">
<U>Trouve un nombre entre 0 et 999</U><BR><BR>
Nb d'essai(s) : <INPUT TYPE="text" NAME="nbessai" SIZE=3 READONLY
➥ VALUE="1"><BR>
Ton essai : <INPUT TYPE="text" NAME="essai" SIZE=3 MAXLENGTH=3><INPUT
➥ TYPE="button" NAME="valid" VALUE="Voir" onClick="verif()"><INPUT
➥ TYPE="text" NAME="resultat" SIZE=20 READONLY>
<HR SIZE=1 WIDTH=100 color="yellow">Meilleur score :
➥ <INPUT TYPE=text NAME="bests" SIZE=30><SCRIPT language="javascript">
➥ document.jeu.bests.value = best</SCRIPT><BR>
<INPUT TYPE="button" VALUE="Effacer le meilleur score" onClick="raz()">
➥ <BR><INPUT TYPE="button" NAME="rejou" VALUE="Annuler la partie"
➥ onClick="location.href = URlpage"></FORM></FONT></CENTER>

</BODY></HTML>
```

Ce script est assez complexe. Le but est de le découper en tranches et de comprendre chaque tranche indépendamment afin de comprendre le script entier.

Tout d'abord, la partie HTML, située entre les tags BODY.

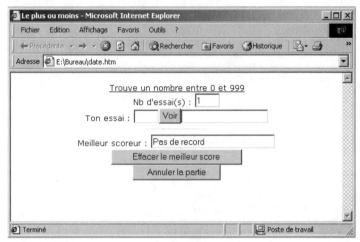

▲ Fig. 2.24 : *Alors, quel va être votre premier coup ?*

Compatibilité

Tab. 2.13 : Compatibilité du script	
Navigateurs	Compatibilité
Internet Explorer 3 et plus	Oui
Netscape 3 et plus	Oui

Le code HTML

La page HTML en elle-même n'est pas de grande taille, elle comprend un seul formulaire (jeu), trois boutons de jeux (INPUT TYPE="button") et quatre champs de réponses (INPUT TYPE="text").

Chaque bouton appelle une fonction JavaScript spécifique, pour tenter un essai, effacer le meilleur score enregistré, annuler la partie.

Les champs de texte sont utilisés pour afficher des informations : nombre d'essais tentés, essai du joueur, résultat de l'essai (plus grand ou plus petit) et le nom du joueur ayant obtenu le meilleur résultat.

Le champ du meilleur résultat est fixé à la valeur du plus grand score enregistré, par le code suivant :

```
<SCRIPT language="javascript">document.jeu.bests.value = best</SCRIPT>
```

Début du jeu: initialisation du script

Lorsque le jeu commence, nous initialisons et déclarons plusieurs variables :

Tab. 2.14 : Les variables du jeu

Variable	Description
cook	Cookie qui conservera le meilleur score.
best	Nom du meilleur joueur.
bests	Score du meilleur joueur.
place	Variable servant à savoir s'il existe un score enregistré.
place2	Variable servant à savoir s'il existe un score enregistré.
plustard	Contient la date du 11 novembre 2020, pour le cookie.
compteur	Nombre de coups joués. Initialisé par défaut à zéro.
secret	Le nombre à trouver !
URlpage	Page sur laquelle on doit envoyer le visiteur après une partie.

Nous lisons tout d'abord le cookie, afin de savoir si un score est enregistré ou pas :

```
cook = document.cookie;
```

Nous ne nous étendrons pas sur les lignes de code suivantes, sachez juste qu'elles sont basées sur les cookies, que vous verrez leur signification au chapitre suivant et qu'elles nous renseignent sur le nom du meilleur joueur et sur son score, qu'elles placent respectivement dans les variables best et bests.

```
place = cook.indexOf("topscor=",0);
if (place <= -1)  {
    best = "Pas de record" }
else {
    end = cook.indexOf(";",place)
    if (end <= -1)
        {best = cook.substring(place+8,cook.length);}
    else
        {best = cook.substring(place+8,end);}
}
place2 = cook.indexOf("point=",1);
if (place2 <= -1) {
    bests = "2000" }
else {
    end2 = cook.indexOf(";",place2)
    if (end2 <= -1)
        {bests = cook.substring(place2+6,cook.length);}
    else
        {bests = cook.substring(place2+6,end2);}
}
```

Les deux lignes d'après initialisent une variable au 11 novembre 2020. Il s'agira simplement de la date de fin de vie de notre cookie. Autant dire qu'il est éternel.

```
plustard = new Date(2020,11,11);
plustard = plustard.toGMTString();
```

Enfin, dernière phase de l'initialisation, nous définissons bien évidemment la variable secret, qui contiendra le nombre à trouver. Pour cela, nous utilisons la méthode mathématique Math.random(), multipliée par mille car le nombre est compris entre 0 et 999, que nous arrondissons par la méthode Math.round().

```
var secret = Math.round(Math.random() * 1000)
```

Phase de jeu: annulation de la partie

Voici la phase de jeu la plus simple, l'annulation de la partie. Celle-ci s'obtient en appuyant sur le bouton **Annuler la partie**, qui exécute la fonction :

```
location.href = URlpage
```

URlpage est une variable contenant le nom de la page sur laquelle nous devons envoyer le visiteur qui a annulé une partie. Par défaut, elle est fixée à location.href, qui est l'URL actuelle. En cliquant, l'utilisateur va donc charger à nouveau la page et ainsi recommencer une partie. Vous pouvez bien évidemment changer son URL, afin de modifier la page de redirection.

Effacement du score

Lors d'un clic sur le bouton **Effacer le score**, un appel à la fonction raz() est lancé. Celle-ci annule le cookie, en fixant sa date de péremption au 11 novembre 1996, ce qui revient à l'effacer :

```
avant = new Date(96,11,11);
avant = avant.toGMTString();
best1 = nom +' avec' + compteur +' coups';
document.cookie ='topscor=' + best1 +'; expires=' + avant +';';
document.cookie ='point=' + compteur +'; expires=' + avant +';';
```

Ensuite, le joueur est redirigé vers la page contenue dans URlpage, ce qui l'oblige à la recharger si elle est fixée à location.href, la valeur par défaut :

```
location.href = URlpage;
```

Validation d'un essai

Cette phase est la plus complexe. Lorsque le joueur clique sur le bouton *Voir*, on appelle verif().

On teste alors l'ordre de grandeur entre secret et document.jeu.essai.value, qui représente le nombre entré par le joueur.

Si le nombre entré est supérieur à secret, alors on l'affiche dans le champ texte correspondant :

```
if (document.jeu.essai.value > secret)
    {document.jeu.resultat.value = document.jeu.essai.value +' est
    ➡ trop grand';}
```

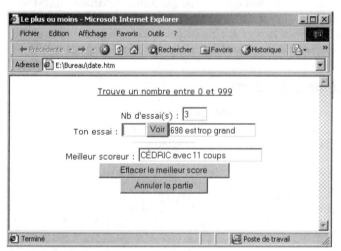

▲ Fig. 2.25 : *Désolé, le nombre est trop grand !*

Inversement, s'il est trop petit :

```
if (document.jeu.essai.value < secret)
    {document.jeu.resultat.value = document.jeu.essai.value +' est
    ➡ trop petit';}
```

Troisième cas, il est égal, ce qui signifie que le joueur a trouvé. Il y a alors un peu plus de choses à faire. On vide d'abord la case contenant le nombre de coups joués :

```
document.jeu.nbessai.value = " ";
```

Puis on affiche la victoire du joueur, en rappelant le nombre de coups effectués pour gagner :

```
document.jeu.resultat.value ='Victoire en' + compteur +' coups!';
```

Enfin, on appelle la fonction qui va valider le résultat et l'enregistrer :

```
record();
```

Nous verrons cette fonction plus tard.

Dans tous les cas, supérieur, inférieur ou égal, on augmente le nombre de coups joués de un :

```
document.jeu.nbessai.value = ++compteur
```

On vide le champ contenant le nombre précédemment entré :

```
document.jeu.essai.value="";
```

Et on donne à la case d'essai le focus, ce qui permettra au joueur de ne pas avoir à cliquer sur cette dernière pour entrer un nombre : (voir fig. 2.26)

```
document.jeu.essai.focus();
```

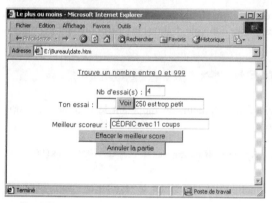

▲ Fig. 2.26 : *Notez le nombre d'essais incrémenté par rapport à la dernière image*

Enregistrement d'un score : record()

La fonction record(), la dernière à étudier, s'occupe de l'enregistrement du score lorsque le joueur a terminé une partie. Elle est uniquement appelée lorsque le joueur vient de trouver le nombre mystérieux.

Il faut tout d'abord changer la valeur du bouton **Annuler la partie** et la transformer en Nouvelle partie, puisque celle-ci est terminée.

```
document.jeu.rejou.value = "Nouvelle Partie";
```

La variable bests, comme nous l'avons vu auparavant, contient le meilleur score actuel. Il n'est nécessaire d'enregistrer le score que s'il est supérieur au meilleur score actuel, et c'est pourquoi nous le testons :

```
if (compteur < bests)
```

Si ce n'est pas le cas, la fonction s'arrête et une nouvelle partie peut commencer. Mais si c'est le meilleur score (félicitations !) alors nous devons le sauvegarder.

Demandons tout d'abord au joueur son nom :

```
nom = prompt('Vous avez réalisé le meilleur score!\nEntrez votre nom',
➥ 'Votre nom ici');
```

Ce joueur est le meilleur, il mérite donc d'avoir son nom en majuscules. Profitons-en pour ajouter le nombre de coups joués pour gagner :

```
best1 = nom.toUpperCase() +' avec' + compteur +' coups';
```

On enregistre ces informations dans un cookie (à voir au chapitre *Plus loin*) :

```
document.cookie ='topscor=' + best1 +'; expires=' + plustard +';';
document.cookie ='point=' + compteur +'; expires=' + plustard +';';
```

Enfin, comme à la fin des phases d'annulation de partie et d'effacement des scores, on redirige vers la page adéquate :

```
location.href = URlpage;
```

Vous souhaitez découvrir d'autres jeux réalisés en JavaScript ? Voici donc une des meilleures adresses du Net : www.hotscripts.com/JavaScript/ Scripts_and_Programs/Games_and_Entertainment/.

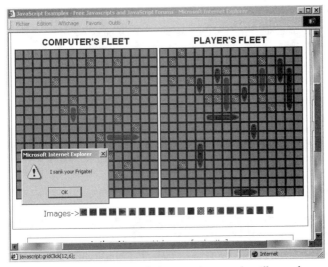

▲ Fig. 2.27 : *Les pros du JavaScript en action : une bataille navale, ça vous dit ?*

2.13   Un message différent suivant l'heure

Le but de ce script est de personnaliser un petit peu sa page en y plaçant un texte qui varie en fonction de l'heure.

Le script

Entre les balises <HEAD> et </HEAD> :

```
<SCRIPT LANGUAGE="JavaScript">
MaDate = new Date;
heure = MaDate.getHours();
function MessageParDate()
{
if (heure>=0 && heure<=5)
MessageB = 'Pas encore couché à cette heure ?';
if (heure>5 && heure<12)
MessageB = 'Bonne journée';
if (heure>=12 && heure<13)
MessageB = 'Bon appétit !';
if (heure>=13 && heure<=17)
MessageB = 'Bon après midi !';
if (heure>17 && heure<=19)
MessageB = 'Bonne soirée !';
if (heure>19 && heure<=23)
MessageB = 'Bonne nuit (et faites pas de bêtises héhé :-P )';
return MessageB;
}
</SCRIPT>
```

Entre les balises <BODY> et </BODY> :

```
<SCRIPT LANGUAGE="JavaScript">
document.write(MessageParDate());
</SCRIPT>
```

Compatibilité

Tab. 2.15 : Compatibilité du script	
Navigateurs	Compatibilité
Internet Explorer 3 et plus	Oui

Tab. 2.15 : Compatibilité du script	
Navigateurs	Compatibilité
Netscape 3 et plus	Oui

Explications

Commençons par la partie du script située dans l'en-tête de la page (entre <HEAD> et </HEAD>) :

```
<SCRIPT LANGUAGE="JavaScript">
MaDate = new Date;
heure = MaDate.getHours();
```

Nous créons un objet date nommé MaDate. Aucun paramètre n'étant passé à l'instruction new Date, l'objet prend donc en valeur la date courante. Grâce à la méthode getHours(), nous affectons à la variable heure l'heure courante.

Nous allons donc construire la fonction qui va afficher un message suivant l'heure. Nous l'appellerons MessageParDate().

```
function MessageParDate()
{
```

Nous allons ensuite implémenter des structures conditionnelles afin de stocker le message qui convient en fonction de l'heure que nous avons calculée ci-dessus dans une variable nommée MessageB :

```
if (heure>=0 && heure<=5)
MessageB = 'Pas encore couché à cette heure ?';
if (heure>5 && heure<12)
MessageB = 'Bonne journée';
if (heure>=12 && heure<14)
MessageB = 'Bon appétit !';
if (heure>=14 && heure<=17)
MessageB = 'Bon après midi !';
if (heure>17 && heure<=19)
MessageB = 'Bonne soirée !';
if (heure>19 && heure<=23)
MessageB = 'Bonne nuit (et faites pas de bêtises héhé :-P )';
```

Nous faisons ensuite en sorte que la fonction renvoie le message. Pour cela, nous utilisons `return` :

```
return MessageB;
}
</SCRIPT>
```

Il ne reste plus qu'à afficher le message sur la page. Ainsi, entre les balises <BODY> et </BODY>, nous demandons à JavaScript d'écrire ce qui résulte de la fonction `MessageParDate()` :

```
<SCRIPT LANGUAGE="JavaScript">
document.write(MessageParDate());
</SCRIPT>
```

▲ Fig. 2.28 : *Il serait temps d'aller dormir...*

2.14 Affichons les phases de la Lune

Avec le dernier exemple du présent chapitre, nous allons tenter (et même réussir) d'afficher la Lune telle que vous pourriez la voir si vous leviez la tête et regardiez par la fenêtre.

Cela à l'air bien compliqué, mais en procédant comme d'habitude pas à pas nous allons voir que ce n'est pas bien sorcier... À vous d'épater ensuite vos amis par vos talents de programmeur.

Tout d'abord, un peu d'astronomie. Si peu. La Lune croît jusqu'à la pleine lune, puis décroît jusqu'à la nouvelle lune ; deux pleines lunes sont séparées par 29 jours, 12 heures et 44 minutes : c'est ce que l'on appelle la *lunaison*.

Nous savons que le 16 mars 1996 à 16 h 15 la Lune était pleine (même si elle n'était pas visible vue l'heure). Il est donc facile de savoir si, pour une date donnée, la Lune est pleine, et dans quel pourcentage elle est visible.

```
<HTML>
<BODY BGCOLOR="#000000">

<SCRIPT LANGUAGE="JavaScript">

var black = "black.gif";
var white = "white.gif";

var height=1;
var size = 100;
var i;
var aujourdhui  = new Date();
var x = aujourdhui;
var DateLunePleine96 = new Date(96, 1, 3, 16, 15, 0);
var lunaison  = 29*(24*3600*1000) + 12*(3600*1000) + 44*(60*1000);
var PhaseDeLaLuneAujourdhui = (aujourdhui.getTime() - DateLunePleine96
➥ .getTime()) % lunaison;
var pourcentBrut = (PhaseDeLaLuneAujourdhui / lunaison);
var pourcent    = Math.round(100*pourcentBrut) / 100;
var pourcentPar2 = Math.round(200*pourcentBrut);

if (pourcentBrut >= 0.5) {
    left = white; right = black;
}
else {
    left = black; right = white;
}
var time = Math.round((lunaison-PhaseDeLaLuneAujourdhui)/(24*3600*1000));

document.write("<center>");

if (pourcentPar2 > 100) {
    pourcentPar2 = pourcentPar2 - 100;
}

for (i = -(size-1); i < size; ++i) {
    var wid=2*parseFloat(Math.sqrt((size*size)-(i*i)));
    if (pourcentPar2 != 100)
        document.write ("<img src="+left +" height=1 width="+(wid*
        ➥ ((100-pourcentPar2)/100))+">");
    if (pourcentPar2 != 0)
        document.write("<img src="+right+" height=1 width="+(wid*
        ➥ ((pourcentPar2)/100))+">");
```

```
    document.write("<br>");
}

document.write("<BR><FONT SIZE=3 COLOR=#CCCCCC>Prochaine pleine lune
➡ dans ",time," jours");
document.write("</font>");
</script>

</body>
</html>
```

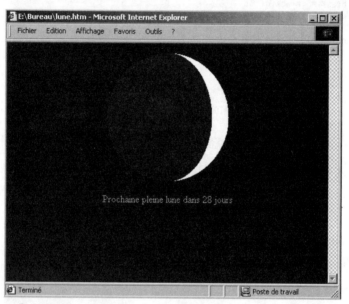

▲ Fig. 2.29 : *Prochaine pleine lune dans 28 jours pour moi. Et pour vous ?*

Notre Lune sera composée de lignes d'images de taille 1x1 pixel, nommées white.gif et black.gif, à créer et à placer dans le même répertoire que la page contenant le script.

Nous définissons tout d'abord quelques variables qui seront nécessaires : nom des images black et white, hauteur en pixels de la Lune affichée, date courante.

```
var black = "black.gif";
var white = "white.gif";
var size = 100;
var aujourdhui  = new Date();
var x = aujourdhui;
```

Il faut encore définir quelques variables, en faisant attention au fait que les dates sont toutes exprimées en millisecondes en JavaScript : DateLune-Pleine96, la date de la pleine lune de mars 1996, la lunaison que nous calculons.

```
var DateLunePleine96 = new Date(96, 1, 3, 16, 15, 0);
var lunaison  = 29*(24*3600*1000) + 12*(3600*1000) + 44*(60*1000);
```

Pour connaître l'âge de la Lune aujourd'hui (c'est-à-dire le nombre de jours passés depuis la dernière pleine lune – les astronomes me pardonneront cette erreur destinée à ne pas compliquer le script), on prend la date du jour, on soustrait la date de la pleine lune de 1996, et on applique un modulo de la lunaison. On obtient alors un nombre compris entre 0 et 27 jours.

Il nous reste à définir trois variables, pourcentBrut, pourcent et pourcentPar2, dont vous comprendrez facilement les méthodes de calcul :

```
var PhaseDeLaLuneAujourdhui = (aujourdhui.getTime() - DateLunePleine96
➡ .getTime()) % lunaison;
var pourcentBrut = (PhaseDeLaLuneAujourdhui / lunaison);
var pourcent    = Math.round(100*pourcentBrut) / 100;
var pourcentPar2 = Math.round(200*pourcentBrut);
```

Si le pourcentage est inférieur à 50 %, c'est-à-dire si la Lune est âgée de 0 à 13 jours, sa partie visible est située à gauche du disque lunaire, la couleur de gauche est donc le blanc et celle de droite, le noir. Et inversement si la Lune est âgée de plus de 13 jours.

```
if (pourcentBrut >= 0.5) {
    left = white; right = black;
}
else {
    left = black; right = white;
}
```

Pour la suite, nous n'entrerons pas dans des calculs compliqués, les amateurs pourront retrouver le résultat. Sachez seulement que pour connaître le nombre de pixels de la partie droite du graphique, pour un rang n compris entre - hauteur et + hauteur, on a : $x = 4 * (age\ de\ la\ lune / lunaison) * \sqrt{(\ taille^2 - n^2\ )}$

Continuons. Nous trouvons une boucle for qui affichera le graphique, succession de lignes contenant deux images, une noire et une blanche si la Lune est âgée de plus de 13 jours, une blanche et une noire dans le cas inverse.

La variable i de la boucle parcourt les nombres compris entre -size et +size, le graphique aura donc une hauteur double de la valeur de size. Pour chaque étape, nous affichons deux images dont les largeurs sont calculées auparavant, et la hauteur est 1. Puis nous écrivons dans le document un <br> qui met fin à la ligne :

```
document.write ("<img src="+left +" height=1 width="+(wid*
➥ ((100-pourcentPar2)/100))+">");
document.write("<img src="+right+" height=1 width="+(wid*
➥ ((pourcentPar2)/100))+">");
```

Aux deux extrémités de la Lune, un seul pixel doit être affiché. Nous devons donc tester ces cas spécifiques et ne pas afficher deux images :

```
if (pourcentPar2 != 100)
    document.write ("<img src="+left +" height=1 width="+(wid*
    ➥ ((100-pourcentPar2)/100))+">");
if (pourcentPar2 != 0)
    document.write("<img src="+right+" height=1 width="+(wid*
    ➥ ((pourcentPar2)/100))+">");
```

Il reste une étape : calculer dans combien de jours la Lune sera à nouveau pleine. Rien de plus facile. Nous connaissons la lunaison et l'âge de la Lune aujourd'hui. Une simple soustraction nous indique dans combien de millisecondes elle sera à nouveau pleine. Divisons par 24, puis par 3 600 et enfin par 1 000, arrondissons et nous obtenons le nombre de jours à attendre avant de voir la prochaine pleine lune :

```
var time = Math.round((lunaison-PhaseDeLaLuneAujourdhui)/(24*3600*1000));
```

Puis, ultime code JavaScript, afficher la date :

```
document.write("<BR><FONT SIZE=3 COLOR=#CCCCCC>Prochaine pleine lune
➡ dans ",time," jours");
document.write("</font>");
```

Il est possible de remplacer l'image *black.gif* par une image toujours de 1 pixel, mais de couleur bleu nuit ; la Lune apparaîtra toujours blanche sur fond noir, mais il sera possible de discerner la partie moins éclairée, ce qui sera du plus bel effet.

2.15 Affichage de page en fonction du navigateur

Ce script va d'abord vous permettre de créer une redirection en fonction du navigateur. Mais surtout il va vous habituer avec la détection de browser. En effet, tout le monde brouille les pistes ! Par exemple, essayez d'afficher les noms et versions de vos navigateurs avec cette instruction :

```
<SCRIPT LANGUAGE="JavaScript">
document.write('Navigateur:'+navigator.appName+'<BR>Version :
'+navigator.appVersion)
</SCRIPT>
```

Vous obtiendrez à peu près ceci :

Tab. 2.16 : Les propriétés appVersion et appName de l'objet navigator suivant les versions de navigateur	
Navigateur	Résultat affiché
Internet Explorer 5.5	Navigateur:Microsoft Internet Explorer Version : 4.0 (compatible; MSIE 5.5)
Internet Explorer 5	Navigateur:Microsoft Internet Explorer Version : 4.0 (compatible; MSIE 5)
Netscape 4	Navigateur:Netscape Version : 4.76 [en] (Win95; U)
Netscape 6	Navigateur:Netscape Version : 5.0 (Windows; fr-FR)

Vous l'avez noté, les versions ne sont pas très claires... De plus, vous n'aurez pas toujours à détecter un navigateur en particulier, mais plutôt un type (les Netscape, les versions supérieures à 4, supérieures à 5...), bref, pas forcément facile de s'y retrouver. Sans compter que ces logiciels évoluent, et vos scripts, qui sont compatibles aujourd'hui, ne le seront peut-être plus demain !

Heureusement, chaque navigateur a ses petites particularités qui font qu'il peut rapidement être reconnu. Chacun accepte ou refuse quelques fonctions ou objets clés. Ce sont ces fonctions (ou objets) qu'il suffit de tester.

Dans le tableau suivant, nous vous présentons quelques fonctions et objets clés, ainsi que leur compatibilité avec les différents browsers du marché.

Tab. 2.17 : Les fonctions et objets utiles pour détecter un navigateur					
Navigateur	window .print	document .all	document .layers	document .getElementById	document .images
Internet Explorer 5.5	Compatible	Compatible	Incompatible	Compatible	Compatible
Internet Explorer 5	Compatible	Compatible	Incompatible	Compatible	Compatible
Internet Explorer 4	Incompatible	Compatible	Incompatible	Incompatible	Compatible
Internet Explorer 3	Incompatible	Incompatible	Incompatible	Incompatible	Incompatible
Netscape 6	Compatible	Incompatible	Incompatible	Compatible	Compatible
Netscape 4	Compatible	Incompatible	Compatible	Incompatible	Compatible
Netscape 3	Incompatible	Incompatible	Incompatible	Incompatible	Compatible

Ainsi, pour détecter Netscape 4, par exemple, nous utiliserons :

```
if(document.layers)
{
// C'est Netscape 4
}
```

Si nous voulons détecter tout sauf Netscape 4, nous utiliserons :

```
if(!document.layers)
{
// C'est pas Netscape 4 :)
}
```

Nous pouvons ensuite combiner plusieurs éléments. Par exemple, devinez quel navigateur nous allons détecter avec l'instruction suivante :

```
if(!window.print && document.all)
{
// Vous avez trouvé, c'est Internet Explorer 4 !
}
```

En effet, seul Internet Explorer 4 comprend l'instruction window.print et est compatible avec l'objet document.all.

Le script

```
<HTML>
<HEAD>
<TITLE> Page de redirection</TITLE>
<SCRIPT LANGUAGE="JavaScript">
function Redirige()
{
if(document.all && document.getElementById)
location.replace("explorer5.html");
if(document.all && !window.print)
location.replace("explorer4.html");
if (!document.images)
location.replace("explorer3.html");
if (document.getElementById && !document.all)
location.replace("netscape6.html");
if (document.layers)
location.replace("netscape4.html");
if (!document.all && !document.layers && !document.getElementById &&
document.images)
location.replace("netscape3.html");
}
Redirige();
</SCRIPT>
</HEAD>
<BODY>
```

```
Votre navigateur n'est pas reconnu !
</BODY>
</HTML>
```

Explications

Pas grand-chose à dire sur ce script, nous avons à peu près tout vu plus haut. Chaque navigateur est testé suivant sa compatibilité avec les objets et fonctions clés.

Un petit mot tout de même sur la méthode `replace` de l'objet *location*. Elle présente un avantage dans notre cas par rapport à `location.href` car elle ne place pas la page dans laquelle elle s'est exécutée dans l'historique du navigateur. Ainsi, si vous cliquez sur le bouton **Retour**, vous reviendrez non pas sur la page de détection, mais sur la précédente.

Chapitre 3

Plus loin

3.1 Différences Internet Explorer et Netscape 4 159

3.2 Plus loin avec l'objet Math 166

3.3 Devenir maître du temps: l'objet Date 175

3.4 Un peu plus compliqué: les vendredi 13 178

3.5 Les minuteries 181

3.6 Les cookies 188

3.7 Débogage 196

3.8 Plus loin dans les événements JavaScript 199

3.1   Différences Internet Explorer et Netscape 4

Vous constaterez, au cours de vos futures créations de scripts, qu'il existe quelques différences d'interprétation entre les deux plus grands navigateurs actuellement disponibles sur le marché. Autant les connaître tout de suite afin d'éviter les faux pas.

En fait, ces deux navigateurs suivent à la lettre les recommandations officielles du JavaScript. Ce qui les distingue, c'est qu'Internet Explorer va plus loin que ces recommandations et ajoute des fonctionnalités. On notera aussi quelques fonctions propres à chaque navigateur, qui n'ont d'ailleurs plus grand-chose à voir avec le JavaScript officiel.

Les principales différences

Événements

Internet Explorer propose une palette d'événements plus étendue que son rival. Ainsi, par exemple, les images (balises <IMG>) acceptent les onMouseOver, onMouseOut et onClick, tandis que Netscape 4 s'obstine à ne pas les prendre en compte. Mieux vaut donc s'en tenir au langage officiel.

Formulaires

Internet Explorer facilite un petit peu plus la gestion des formulaires. Par exemple, il est beaucoup plus aisé de récupérer la valeur sélectionnée dans un champ select HTML.

Alors que Netscape ne comprend que cette syntaxe :

```
var valeur = form.champselect.options[form.champselect.selectedIndex]
➡ .value
```

Internet Explorer peut aussi comprendre la syntaxe suivante :

```
var valeur = form.champselect.value;
```

Pour un maximum de compatibilité, mieux vaut s'en tenir au langage officiel.

Remarque

Les avancées de Netscape 6

Toutes ces différences étaient vraies jusqu'à l'apparition de Netscape Navigator 6. En effet, celui-ci a subi beaucoup de modifications qui ont eu pour effet de supprimer la plupart des nuances d'interprétation qui le séparaient d'Internet Explorer.

Plug-in

Il est impossible de lire la liste des plug-in installés avec Internet Explorer. Alors que Netscape vous dévoilera volontiers si votre visiteur accepte le *Flash*, IE restera muet !

Les fonctions internes à Netscape

Pas de fioritures sur Netscape 4 ! Le navigateur ne disposait pas vraiment de fonctions personnelles.

Avec l'arrivée de Netscape 6, on peut enfin offrir à ses visiteurs quelques fonctions étonnantes, comme celle que nous vous proposons ci-dessous.

Votre site dans la barre latérale de Netscape

Ceci vous permet de mettre les nouveautés de votre site dans la barre latérale du navigateur et permet à vos visiteurs d'être plus rapidement tenus au courant de ses évolutions.

Le script

Le script est assez simple. Il est à placer entre les balises <BODY> et </BODY> :

```
<SCRIPT LANGUAGE="JavaScript">
if ((typeof window.sidebar == "object") && (typeof window.sidebar
 .addPanel == "function"))
{
document.write('<BR><A HREF="javascript:SideBarNN6()">Pour mettre les
 news de mon site dans la sidebar, cliquez ici !</A>');
}
```

```
function SideBarNN6()
{
if ((typeof window.sidebar == "object") && (typeof window.sidebar
➡ .addPanel == "function"))
{
window.sidebar.addPanel ("Nom de votre site","http://www.votresite
➡ .com/nouveautes.html","");
}
}
</SCRIPT>
```

▲ Fig. 3.1 : *Et voilà, vos news sont dans la barre latérale de Netscape 6*

Explications

Nous allons comprendre ensemble la façon dont est construit le script :

```
if ((typeof window.sidebar == "object") && (typeof window.sidebar
➡ .addPanel == "function"))
```

Ici, on teste si le navigateur peut prendre en charge l'objet *window.sidebar* et la fonction `window.sidebar.addPanel`. Vu que seul Netscape

6 correspond à ce critère, il sera le seul à exécuter la commande située entre les accolades :

```
{
document.write('<BR><A HREF="javascript:SideBarNN6()">Pour mettre les
➡ news de mon site dans la sidebar, cliquez ici !</A>');
}
```

Netscape 6 affiche donc un lien qui, une fois qu'on a cliqué dessus, lancera la fonction SideBarNN6(). Vous pouvez bien sûr modifier le texte du lien, mais faites attention à bien mettre des "\" avant les apostrophes.

Il ne reste plus qu'à définir cette fameuse fonction SideBarNN6(), celle-là même qui va s'occuper de mettre une page de votre choix dans la barre latérale :

```
function SideBarNN6()
{
```

On commence donc la déclaration de la fonction nommée SideBarNN6 :

```
if ((typeof window.sidebar == "object") && (typeof window.sidebar
➡ .addPanel == "function"))
```

On retrouve le même test que précédemment, histoire de bien s'assurer que le navigateur est compatible.

```
{
window.sidebar.addPanel ("Nom de votre site","http://www.votresite
➡.com/nouveautes.html","");
}
```

Et voici donc la commande magique ! Remplacez Nom de votre site par le nom de votre site et http://www.votresite.com/nouveautes.html par l'adresse de la page que vous désirez afficher dans la barre latérale de Netscape.

Enfin, on termine notre déclaration de fonction en fermant l'accolade :

```
}
```

Remarque

Comment doit être construit le fichier à mettre dans la barre ?

Simplement, comme une bonne vieille page web ! En fait, faites juste attention à la taille de votre page, car l'espace qui lui sera réservé sera mesuré... Aussi, pour que les liens contenus dans ce fichier ouvrent les pages dans l'espace principal du navigateur, il est impératif de spécifier "_content" comme cible (target). Ainsi, vos liens prennent la forme suivante : `<A HREF="http://www.monsite.com/lapage-.html" TARGET="_content">lien</A>`.

Les fonctions internes à Internet Explorer

Microsoft aussi propose pour son navigateur des fonctions très intéressantes.

Mettre votre site dans les favoris

Ce script a pour fonction d'afficher sur votre page un lien qui, une fois qu'on a cliqué dessus, met votre site dans les favoris de votre visiteur. C'est un grand classique que l'on retrouve un peu partout sur le Web.

Le script

Voici le script, à placer entre les balises `<BODY>` et `</BODY>` de votre page :

```
<SCRIPT LANGUAGE="JavaScript">
nav = navigator.appName.substring(0,3);
ver = navigator.appVersion.substring(0,1)
url_site="http://www.votresite.com";
titre_site = "Nom de votre site";
if (nav == "Mic" && ver >= 4)
{
document.write('<A HREF="#" onClick="window.external.AddFavorite
➥ (url_site, titre_site);return(false);">Cliquez ici pour mettre
➥ ce site dans vos favoris</A><BR>')
}
</SCRIPT>
```

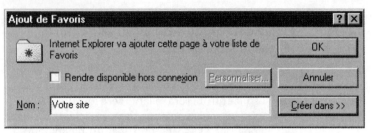

▲ Fig. 3.2 : *Une fois qu'on a cliqué dessus, le lien ouvre cette fenêtre*

Explications

Nous allons analyser chaque ligne du script afin de mieux comprendre son fonctionnement.

```
nav = navigator.appName.substring(0,3);
```

Nous détectons le nom du navigateur, dont nous ne gardons que les trois premiers caractères. Enfin, nous affectons le résultat à la variable nav.

Si vous exécutez ce script sur Internet Explorer 5, nav vaudra alors "Mic" (les trois premières lettres de *Microsoft Internet Explorer*).

```
ver = parseInt(navigator.appVersion);
```

Ici, nous détectons la version du navigateur, dont nous ne gardons que l'entier.

```
url_site="http://www.votresite.com";
titre_site = "Nom de votre site";
```

Ces deux lignes sont celles dans lesquelles vous allez définir le titre et l'adresse de votre site.

```
if (nav == "Mic" && ver >= 4)
{
document.write('<A HREF="#" onClick="window.external.AddFavorite(url_
➡ site, titre_site);return(false);">Cliquez ici pour mettre ce site
➡ dans vos favoris</A><BR>')
}
```

Si le navigateur est Internet Explorer et que sa version soit supérieure à 4, alors, un lien est affiché sur votre page à l'endroit où vous avez inséré le script. Une fois qu'on a cliqué dessus, ce lien exécute la fonction `window.external.AddFavorite(url_site, titre_site)`. C'est cette fonction qui va ajouter votre site dans les favoris du navigateur.

Mettre votre site en page de démarrage

Internet Explorer propose à vos visiteurs l'étonnante fonction de mettre votre site en tant que page de démarrage, c'est-à-dire que votre site sera le premier à s'ouvrir lorsque l'internaute lancera le navigateur. Notez bien que ce script ne fonctionne qu'avec les versions 5 et plus d'Internet Explorer.

Le script

Voici le script, à placer entre les balises <BODY> et </BODY> de votre page :

```
<SCRIPT LANGUAGE="JavaScript">
nav = navigator.appName.substring(0,3);

function HomePage(obj)
{
obj.style.behavior='url(#default#homepage)';
obj.setHomePage('http://www.monsite.com');
}

if (Nav == "Mic" && window.print)
{
document.write('<A HREF="#" onClick="HomePage(this);return(false);">
➥ Cliquez ici pour mettre ce site en page de démarrage</A><BR>');
}
</SCRIPT>
```

▲ Fig. 3.3 : *Une fois qu'on a cliqué dessus, le lien provoque l'affichage de cette fenêtre*

Explications

Décortiquons un peu ce script afin de mieux comprendre son fonctionnement.

```
nav = navigator.appName.substring(0,3);
```

Nous l'avons déjà vu plus haut. Nous affectons à la variable nav les trois premières lettres du nom du navigateur. Ainsi, si vous exécutez ce script avec Netscape 6, nav vaudra "Net", les trois premières lettres de *Netscape*.

```
function HomePage(obj)
{
obj.style.behavior='url(#default#homepage)';
obj.setHomePage('http://www.monsite.com');
}
```

Nous définissons tout de suite la fonction qui va permettre de placer le site en tant que page de démarrage. Remplacez http://www.monsite.com par l'adresse URL de votre site.

Enfin, nous allons afficher le lien qui une fois qu'on aura cliqué dessus, lancera la fonction Homepage() :

```
if (Nav == "Mic" && window.print)
{
document.write('<A HREF="#" onClick="HomePage(this);return(false);">
➥ Cliquez ici pour mettre ce site en page de démarrage</A><BR>');
}
```

Nous effectuons tout d'abord une vérification sur la compatibilité du navigateur. S'il s'agit d'Internet Explorer et s'il est compatible avec la fonction window.print, alors, il s'agit d'une version 5 et plus. Dans ce cas, nous pouvons afficher le lien. Sinon nous n'affichons rien.

3.2   Plus loin avec l'objet Math

Le but de cette section est d'approfondir votre connaissance de l'objet *Math*, à travers les méthodes et propriétés complexes que, par souci de simplicité, nous n'avons pas vues au chapitre *Exemples de scripts*.

Les propriétés de l'objet Math

Les propriétés de l'objet *Math* sont les constantes les plus utilisées en mathématiques. Vous pouvez les utiliser, en toute logique, en lecture seulement, et les appeler par `Math.propriété`.

Tab. 3.1 : Les constantes de l'objet Math	
Propriété	**Description de la constante**
E	Constante d'Euler ($\approx$2,718)
LN10	Logarithme népérien de 10 ($\approx$2,302)
LN2	Logarithme népérien de 2 ($\approx$0,693)
LOG10E	Logarithme base 10 de e ($\approx$0,434)
LOG2E	Logarithme base 2 de e ($\approx$1,442)
PI	Pi, la constante la plus connue ($\approx$3,142)
SQRT1_2	Valeur de la racine carrée de 1/2 ($\approx$0,707)
SQRT2	Valeur de la racine carrée de 2 ($\approx$1,414)

Question pertinente : est-ce que Netscape et Internet Explorer ont réussi pour une fois à être compatibles ? Pour le savoir, demandons à nos deux navigateurs préférés d'écrire toutes les constantes mathématiques listées ci-dessus, en utilisant un script très simple :

```
<script>
document.write('E:'+ Math.E +'<br>');
document.write('LN10'+ Math.LN10 +'<br>');
document.write('LN2:' + Math.LN2 +'<br>');
document.write('LOG10E:' + Math.LOG10E +'<br>');
document.write('LOG2E:' + Math.LOG2E +'<br>');
document.write('PI:' + Math.PI +'<br>');
document.write('SQRT1_2:' + Math.SQRT1_2 +'<br>');
document.write('SQRT2:' + Math.SQRT2 +'<br>'); (voir fig. 3.4, 3.5)
</script>
```

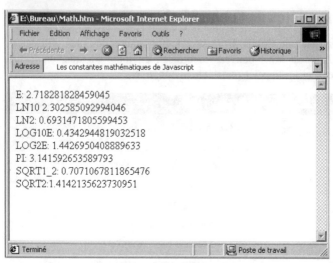

▲ Fig. 3.4 : *Les constantes mathématiques d'Internet Explorer*

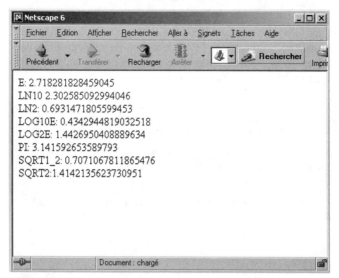

▲ Fig. 3.5 : *Les constantes mathématiques de Netscape Communicator*

Finalement, nous nous en sortons bien, puisque seule la seizième décimale de la constante LOG2E est différente. Nous pourrons donc utiliser sans problème les mêmes scripts sans nous soucier du navigateur.

Remarque

Précision décimale de JavaScript

Les constantes de JavaScript comprennent seize décimales. Il est donc inutile d'espérer une précision supérieure lors du résultat de vos calculs si vous utilisez ces constantes.

Les différentes méthodes

Les méthodes de JavaScript vous permettent d'utiliser des fonctions mathématiques courantes dans vos scripts. Pour utiliser une méthode, il faut procéder de façon classique :

```
racine_carre_de_12 = Math.sqrt (12) ;
```

Tab. 3.2 : Les méthodes mathématiques de JavaScript

Méthode	Description
abs(nb)	Valeur absolue du paramètre.
ceil(nb)	Retourne la partie entière de nb (tronque les décimales).
floor(nb)	Arrondit nb à l'entier immédiatement supérieur.
max(x,y)	Retourne le plus grand des deux paramètres.
min(x,y)	Retourne le plus petit des deux paramètres.
pow(nb,exp)	Élève nb à la puissance exp.
random()	Fournit un nombre aléatoire compris entre 0 et 1.
round(nb)	Arrondit nb à la valeur la plus proche.
sqrt(nb)	Racine carrée de nb.

On a très souvent besoin en informatique de connaître les premières puissances de deux. JavaScript vient à notre aide dans le script suivant :

```
<html><body>
<table><tr><td>N   </td><td>2 puissance N</td>

<script>

    for (a=0; a<16; a++) {
        document.write ('<tr><td>' + a +'</td><td align="center">' );
        document.write ( Math.pow ( 2, a ) );
        document.write ('</td></tr>' );
    }

</script>

</table>
</body></html>
```

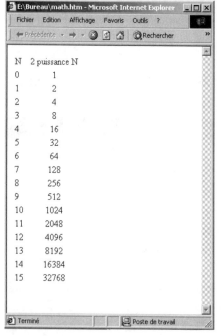

◄ Fig. 3.6 :
*Les seize
premières
puissances de
deux*

Le script est constitué d'une boucle for, exécutée seize fois (de 0 à 15). Chaque étape trace une ligne de tableau comprenant deux cases, écrit dans la première le rang en cours et dans la seconde la puissance de deux équivalente, simplement en appelant la méthode pow () de l'objet *Math*.

Logarithmes et exponentielles

Les logarithmes ne sont pas en reste, bien que seulement deux méthodes on ne peut plus basiques et cinq constantes leur soient consacrées.

Tab. 3.3 : Les méthodes log et exp de JavaScript

Méthode	Description
exp (nb)	Exponentielle de nb
log (nb)	Logarithme de nb

Générer des nombres aléatoires

Vous aurez sûrement souvent besoin de nombres aléatoires générés par l'ordinateur. Malheureusement, la fonction random, que nous avons vue plus haut, ne produit que des nombres compris entre 0 et 1. La fonction contenue dans le programme suivant rectifie le tir :

```
<script>

function aleatoire(maximum,virgule) {
    temp = Math.random () * maximum;
    if (virgule == 0) { temp = Math.round (temp); }
    return temp;
}


document.write ('Nombre entier entre 0 et 10:' + aleatoire (10,0)
➡ +'<br>');
document.write ('Nombre décimal entre 0 et 20:' + aleatoire (20) );

</script>
```

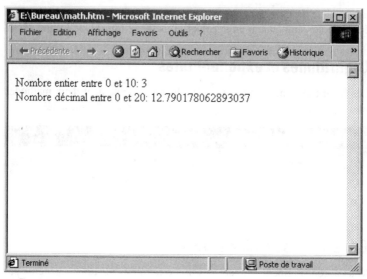

▲ Fig. 3.7 : *Le résultat produit par le script*

La fonction aleatoire() attend deux arguments : le premier est le maximum pour le nombre aléatoire généré, et le second, qui peut être omis, décide du type de nombre renvoyé, entier ou décimal (mettre la valeur à 0 arrondit le nombre).

Rien de plus simple maintenant que d'afficher une citation célèbre sur votre page personnelle !

```
<script>

    var Mess=new Array();
    Mess[0]='Je vais faire 30 cocus d\'un coup, je vais coucher avec
➥ ma femme... (S.Guitry)'
    Mess[1]='Le peu que je sais c\'est &agrave; mon ignorance que je
➥ le dois. (S.Guitry)'
    Mess[2]='Si vous voulez que votre femme &eacute;coute ce que vous
➥ dites, dites-le &agrave; une autre femme. (S.Guitry)'
    Mess[3]='Les avocats portent des robes pour mentir aussi bien que
➥ les femmes. (S.Guitry)'

function aleatoire(maximum,virgule) {
    temp = Math.random () * maximum;
```

```
    if (virgule == 0) { temp = Math.round (temp); }
    return temp;
}


document.write ('Une citation au hasard: <br>');
document.write ( Mess[ aleatoire (3,0) ] );

</script>
```

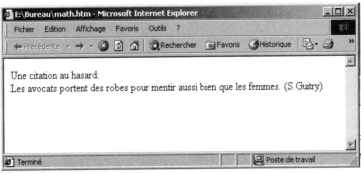

▲ Fig. 3.8 : *Une citation pertinente (au hasard), voilà un atout de plus pour votre site !*

Le script commence par générer un tableau contenant toutes les citations possibles, puis il écrit un élément du tableau pris au hasard grâce à la fonction aleatoire().

Nous utilisons bien entendu le second paramètre, mis à zéro, car les indices de tableaux sont forcément des entiers !

Vous aussi, vous aimez la trigonométrie ?

JavaScript n'est pas un langage rapide pour la trigonométrie et ne possède pas beaucoup de méthodes adaptées. Mais on peut s'en servir pour de petits scripts, sans toutefois avoir la prétention de calcul de langages plus avancés.

Tab. 3.4 : Fonctions de calcul trigonométrique

Méthode	Description
acos(nb)	Arc cosinus de nb
asin(nb)	Arc sinus
atan(nb)	Arc tangente
atan2(y,x)	Arc tangente de l'angle de coordonnées cartésiennes (x,y)
cos(nb)	Cosinus de nb
sin(nb)	Sinus de nb
tan(nb)	Tangente de nb

Attention, les angles pour JavaScript sont tous exprimés en radians. N'oubliez donc pas de les convertir. Coup de pouce : angle en radian = (angle en degrés * pi) / 180.

Les limites de JavaScript

Nous en avons déjà parlé plus haut, il existe deux inconvénients majeurs à l'utilisation des mathématiques dans JavaScript : le temps d'exécution – JavaScript est relativement lent – et la précision.

Prenons un exemple basique : d'après vous, combien font 0,121 multiplié par 100 ? 12,1 ? Bien ! Et 0,119 par 100 ? Pour vous, pour n'importe quel prof de maths, cela fera 11,9. Pas pour JavaScript. Faisons le test:

```
<script>
document.write ('0,121 * 100 =' + 0.121*100 +'<br>');
document.write ('0,119 * 100 =' + 0.119*100 +' !!!'); (voir fig. 3.9)
</script>
```

En effet, il semble que les routines internes de JavaScript ne sont pas si précises que cela.

Conclusion : ne vous fiez pas à 100 % à JavaScript. Votre programme peut être bon et le résultat, être (légèrement) différent de celui escompté, surtout dans l'utilisation de nombres comprenant de nombreuses décimales. Préférez un autre langage pour un logiciel de déclaration d'impôts sur le revenu, cela pourrait vous coûter cher en arriérés !

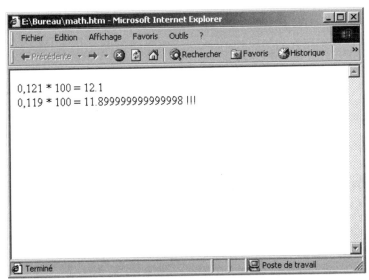

▲ Fig. 3.9 : *Quel drôle de prof de maths !*

Remarque

Précision des fonctions trigonométriques

La précision des fonctions trigonométriques n'est pas infaillible non plus ; par exemple, le sinus de pi, qui, si vous vous souvenez de vos premiers cours de trigo, doit être égal à zéro, vaut, pour JavaScript, 0,00000000000000012...

3.3 Devenir maître du temps : l'objet Date

Nous avons déjà vu au chapitre *Les bases du JavaScript* quelques fonctions de l'objet *Date*. Nous allons maintenant voir ce que nous pouvons faire avec et aller beaucoup plus loin. Prêt à maîtriser le temps ?

Rappel

On déclare une variable en tant que date (c'est-à-dire qu'elle va comprendre une valeur temporelle, millisecondes, heures, jours, années...) avec la syntaxe suivante :

```
maintenant = new Date();
```

Les différentes méthodes d'un objet *Date* (et il y en a beaucoup, vous les avez vues deux chapitres plus haut) s'appellent suivant la syntaxe habituelle. Par exemple, pour obtenir l'heure courante, on écrira donc :

```
document.write ( maintenant.getHours() );
```

Premier exercice : affichage de la date de façon lisible

L'informatique est souvent bien austère. Ainsi, si vous affichez la date courante, avec :

```
document.write ( maintenant.toUTCString() );
```

vous obtiendrez une date assez peu parlante !

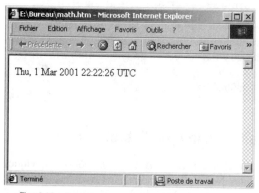

▲ Fig. 3.10 : *La date courante pour Internet Explorer*

Si vous désirez afficher la date courante sur votre site, il faudra la modifier un petit peu, car vos visiteurs risquent d'être bien désappointés !

Heureusement, JavaScript est un as dans le domaine du temps et des dates, et il est très facile d'arranger cela :

```
<script>
    maintenant = new Date();
    var jours, mois = new Array();
    jours = ['dimanche','lundi','mardi','mercredi','jeudi','vendredi',
    ➡ 'samedi'];
    mois = ['janvier','février','mars','avril','mai','juin','juillet',
    ➡ 'aout','septembre','octobre','novembre','décembre'];

    document.write ('Nous sommes actuellement le');

    // Jour de la semaine + jour du mois
    document.write ( jours[ maintenant.getDay()] +'' + maintenant
    ➡ .getDate() );
// mois de l'année + année (sur quatre chiffres)
    document.write ('' + mois [ maintenant.getMonth() ] +'' + maintenant
    ➡ .getFullYear() ) ;

</script>
```

Nous commençons tout d'abord par définir deux tableaux, qui contiendront les noms des jours de la semaine et des mois de l'année, qui seront donc respectivement grands de 7 et de 12 éléments.

Pour le jour du mois et l'année, nous pouvons très bien nous contenter des fonctions JavaScript, car elles renvoient un format dont nous avons l'habitude.

Pour le jour de la semaine, JavaScript nous renvoie un nombre compris entre 0 (dimanche) et 6 (samedi). Il ne nous reste plus qu'à afficher l'élément du tableau jours correspondant. De la même façon, nous pouvons afficher le mois de façon lisible.

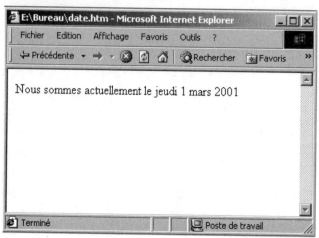

▲ Fig. 3.11 : *C'est tout de même mieux, non ?*

3.4   Un peu plus compliqué : les vendredi 13

Nous allons maintenant tenter de calculer les dates exactes des vendredis 13 d'une année donnée.

Compliqué ? Mais non, il suffit pour une année de regarder si chacun des jours en 13 qui la composent est un vendredi ou non. Dans le cas positif, on l'affiche, dans le cas inverse non.

```
<html><head>
<Title>Les vendredi 13</title>

<SCRIPT LANGUAGE="JavaScript">

function disp(txt) {
    document.write(txt);
}

function don_date_format(d1) {
    var m=new Array(13);
    m[1]="Janvier"; m[2]="Février";
    m[3]="Mars"; m[4]="Avril"; m[5]="Mai"; m[6]="Juin";
    m[7]="Juillet";m[8]="Août"; m[9]="Septembre"; m[10]="Octobre";
    m[11]="Novembre"; m[12]="Décembre";
    var d=new Array(8);
```

```
    d[1]="Dimanche"; d[2]="Lundi"; d[3]="Mardi"; d[4]="Mercredi";
    d[5]="Jeudi"; d[6]="Vendredi"; d[7]="Samedi";
    var mois=m[d1.getMonth()+1];
    var jour=d[d1.getDay()+1];
    var date=d1.getDate();
    var an=d1.getYear();
    if (an<1000) an+=1900;
        date=jour+" "+date+" "+mois+" "+an;
        return date;
    }

function vendredi() {
    var an=document.forms[0].elements[0].value
    var dt_jour=new Date;
    document.forms[0].elements[2].value=unescape("Les vendredi 13 de
    ➡ l'année "+an+"%0D%0A");
    for(var i=0;i<12;i++) {
        dt_jour.setMonth(i);
        dt_jour.setDate(13);
        dt_jour.setYear(an);
        if (dt_jour.getDay()==5) {
            document.forms[0].elements[2].value+=unescape(don_date_
            ➡ format(dt_jour)+"%0D%0A");
        }
    }
}
</SCRIPT>
</HEAD>

<BODY>
Les vendredi 13<br><br>

<FORM>
Année: <INPUT type=text size=4>  
<INPUT type='button' value='Quels sont les vendredi 13 ?' onClick=
➡ 'vendredi()'><BR><BR>
<TEXTAREA rows=10 cols=40></TEXTAREA>
</FORM>

</BODY>
</HTML>
```

Tout d'abord, la fonction disp(), qui exécute simplement document.write(). Pas vraiment utile, elle permet juste de taper moins de code.

La fonction don_date_format(d1) traduit simplement une date JavaScript en une date compréhensible facilement par un être humain.

Lors de l'appui sur le bouton, l'année entrée est prise en compte, et on commence à "scanner" les jours de cette année.

for(var i=0;i<12;i++) est une boucle qui va tester tous les mois de l'année. Pour chacun des mois, nous faisons un dt_jour.setMonth(i) puis setYear() avec l'année entrée.

Il ne nous reste plus qu'à déclarer ce jour-ci comme étant le treizième du mois (avec dt_jour.setDate(13)) et de tester si ce jour est un vendredi. Si c'est le cas, alors nous avons dt_jour.getDay()==5, et on peut donc afficher cette date précise dans le champ prévu à cet effet (document.forms[0].elements[2].value+=unescape(don_date_format(dt_jour)+"%0D%0A")).

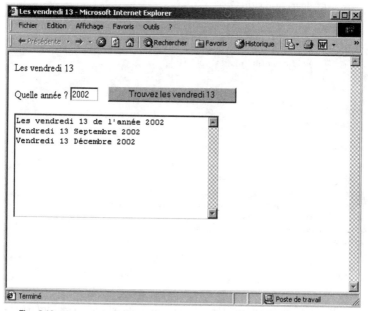

▲ Fig. 3.12 : *Les vendredis de malchance qui nous attendent en 2002*

3.5   Les minuteries

Avec JavaScript 1.2 sont apparues de nouvelles fonctions permettant de déclencher des actions suivant le temps, à intervalles de temps réguliers avec setInterval(), ou après un certain temps, avec setTimeout().

setInterval()

setInterval() permet d'exécuter à intervalles réguliers du code JavaScript. Son utilisation est simple et sa syntaxe, la suivante :

```
setInterval ( action, periode, argument1, argument2, ...)
```

action est une commande JavaScript ou le nom d'une fonction entière qui sera exécutée.

periode est le laps de temps entre deux actions (attention, ce sont des millisecondes !).

Les arguments qui suivent, qui peuvent être d'un nombre quelconque et qui souvent ne seront même pas utilisés, sont des arguments qui seront passés en référence à la fonction appelée.

setInterval() renvoie une variable unique qui identifie la minuterie. On procède donc souvent en récupérant cette variable, de la façon suivante :

```
minuterie1 = setInterval ( action1, periode1 );
minuterie2 = setInterval ( action2, periode2 );
```

Récupérer l'identifiant de minuterie n'est nécessaire que si vous désirez arrêter cette minuterie à un moment donné. Si ce n'est que le cadet de vos soucis, appelez simplement la fonction comme nous l'avons vu au début.

```
<HTML><HEAD>

<SCRIPT LANGUAGE="JavaScript1.2">

var compteur=1;
var interv;
```

```
function incremente() {
    compteur++;
    document.formulaire.heure.value=compteur;
}

function init() {
    interv = setInterval ("incremente()",100);
}
</script>

<TITLE>Compteur</TITLE>
</HEAD>
<BODY onLoad="init()">

<FORM name="formulaire"><INPUT TYPE="text" VALUE="" name="heure"
➥ onClick="incremente()"></FORM>
</BODY>
</HTML>
```

Le programme ci-dessus comprend une boîte de texte. Le script crée un
setInterval() qui tous les dixièmes de seconde (100 millisecondes)
augmentera la valeur d'une variable et l'écrira dans la boîte de texte.

Il en résulte un compteur qui s'incrémente à l'infini !

▲ Fig. 3.13 : *Le compteur sitôt après son lancement...*

▲ Fig. 3.14 : *Et quelques secondes après !*

Remarque

Arrêt des minuteries

Une minuterie s'arrête automatiquement lorsque la page change ou que le document est fermé. Il existe un moyen de l'arrêter lorsqu'on le désire, avec la méthode clearInterval()

clearInterval()

Il est possible d'arrêter une minuterie déclenchée par setInterval() en employant la méthode clearInterval(), avec en paramètre la variable récupérée lors de l'appel de setInterval().

On peut donc facilement créer un programme gérant l'exécution et l'arrêt d'une minuterie :

```
<HTML><HEAD>

<SCRIPT LANGUAGE="JavaScript1.2">

var compteur=1;
var interv;
var encours;
```

```
function incremente() {
    compteur++;
    document.formulaire.heure.value=compteur;
}


function appui() {
    if (encours==1) {
        clearInterval (interv);
        document.formulaire.bouton.value = "Reprendre";
        encours = 0;
    }
    else {
        interv = setInterval ("incremente()",100);
        document.formulaire.bouton.value = "Arreter";
        encours = 1;
    }
}

function init() {
    encours = 1;
    interv = setInterval ("incremente()",100);
}

</script>

<TITLE>Compteur</TITLE>
</HEAD>
<BODY onLoad="init()">

<FORM name="formulaire">
<INPUT TYPE="text" VALUE="" name="heure" onClick="incremente()">
<INPUT TYPE="button" VALUE="Arreter" onClick="appui()" name="bouton">
</FORM>
</BODY>
</HTML>
```

Pas de panique ! Ce script n'est qu'une variante de celui vu plus haut.
Quelles différences ? Nous avons tout simplement ajouté un bouton
permettant d'interrompre ou de reprendre la minuterie. Procédons pas à
pas : une nouvelle variable est créée, encours. Cette variable contiendra
la valeur 1 si la minuterie est active et 0 si la minuterie est désactivée. Lors
de la procédure init(), lancée au chargement de la page, la minuterie est
créée et encours, fixée à 1. Lors de l'appui sur le bouton, on arrête la
minuterie par un appel de clearInterval(), on change la valeur du
bouton (qui passe de "Arrêter" à "Reprendre") et bien sûr on fixe la valeur

d'encours à 0. Lors d'un autre appui sur le bouton, si on détecte qu'encours est à 0, alors on redémarre la minuterie, on change à nouveau le texte du bouton et la valeur de la variable.

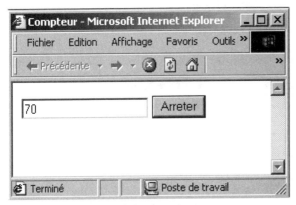

▲ Fig. 3.15 : *Lancement de la minuterie*

▲ Fig. 3.16 : *Puis arrêt...*

setTimeout()

setTimeout() - clearTimeout() est un couple de fonctions plus simple à appréhender que setInterval() - clearInterval().

setTimeout() s'utilise suivant la syntaxe suivante :

```
setTimeout ( action, delai, argument1, argument2, ... )
```

Après un délai de delai millisecondes, la fonction action s'exécutera avec les arguments passés en paramètres.

Rien de tel qu'un bon exemple :

```
<HTML><HEAD>

<script>
function hello () {
    alert ('Voici votre message !');
}
</script>

<TITLE>setTimeout()</TITLE>
</HEAD>
<BODY onLoad="setTimeout(hello,2000)">

</BODY>
</HTML>
```

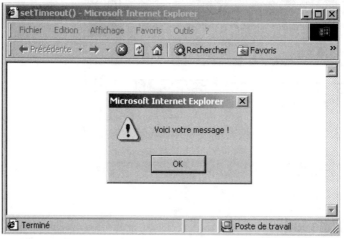

▲ Fig. 3.17 : *Voici votre message !*

Le programme, à son chargement, crée un setTimeout() qui exécutera la fonction hello() au bout de deux secondes d'exécution.

clearTimeout()

Lors d'un appel à setTimeout(), de la même façon que lors d'un appel à setInterval(), une variable est renvoyée. Si l'on conserve cette variable en la stockant, il est possible de s'en servir pour appeler clearTimeout(), qui va annuler la fonction setTimeout() si celle-ci n'a pas encore été exécutée.

Sa syntaxe est on ne peut plus simple :

```
var minuterie = setTimeout ( action, delai );
clearTimeout ( minuterie );
```

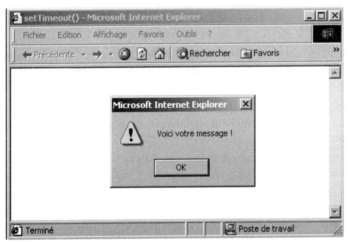

▲ Fig. 3.18 : *Le thriller de l'année : arriverez-vous à temps pour sauver la fenêtre ?*

Testons-là dans un script :

```
<HTML><HEAD>
<TITLE>clearTimeout</TITLE>
</HEAD>

<BODY onLoad="minuterie=setTimeout('window.close()',5000)">

Cette fenetre va s'autodétruire dans 5 secondes.
```

```
<br><br>
<input type="button" value="Appuyez ici pour la sauver" onClick=
➥ "clearTimeout(minuterie)">

</BODY>
</HTML>
```

Lors du chargement de la page, un setTimeout() est déclaré. Il va essayer de fermer la fenêtre après 5 secondes. L'appui sur le bouton sauvera la fenêtre, en arrêtant la minuterie par l'appel de clearTimeout().

3.6   Les cookies

Définition

Les cookies sont des petits fichiers contenant des variables et leurs valeurs, stockés sur le disque dur de vos visiteurs. Ils sont intéressants à plusieurs titres :

- Vous allez pouvoir stocker chez vos visiteurs toutes les informations que vous désirez (date de la dernière venue, nombre de passages sur votre site...).

- Vous allez avoir accès à toutes ces informations à chacun de ces passages sur votre site.

- Les fichiers sont stockés non pas sur votre serveur, mais bel et bien sur l'ordinateur de l'internaute.

Les paramètres d'un cookie

Un cookie a besoin de plusieurs paramètres :

- un nom ;
- une valeur ;
- une date d'expiration (optionnelle) ;
- un chemin (optionnel) ;
- un domaine de validité (optionnel).

Voyons chacun de ces points en détail. Nous verrons ensuite comment créer et utiliser les cookies avec JavaScript.

Le nom et la valeur

Un cookie peut en fait être considéré comme une variable, à laquelle on doit donner un nom et affecter une valeur. C'est exactement la même démarche avec le cookie. Ne donnez pas de nom trop exotique à vos cookies. Notez aussi que ces deux paramètres sont obligatoires.

La date d'expiration

Vous pouvez définir une durée de vie pour vos cookies. Si vous ne précisez pas de durée de vie, il sera effacé quand l'utilisateur fermera son navigateur. Si vous précisez comme date d'expiration une date antérieure à la date actuelle, le cookie sera effacé tout de suite. La date doit être sous le format "Tuesday, 1-Jan-2002 00:00:00 GMT". En fait, il suffit de créer une date suivant la méthode que nous vous avons présentée dans le chapitre 2, puis de lui appliquer la fonction toGMTString().

Le chemin

Imaginons que vous décidiez de créer un cookie dans une page de votre site située dans le répertoire suivant :

www.votresite.com/famille/mamere/biographie/

Le cookie ne sera alors accessible que dans ce dossier et ses sous-répertoires, c'est-à-dire que vous ne pourrez pas y accéder via une page située dans :

www.votresite.com/famille/mamere/CV/

Pour éviter ce problème, vous pouvez définir un chemin de base pour votre cookie. Dans notre exemple, si nous définissons comme chemin :

/famille/mamere/

alors vous pourrez accéder à votre cookie depuis le répertoire mamere.

Pour créer un cookie accessible depuis l'ensemble de votre site, définissez "/" comme chemin.

Le domaine

Tout comme le chemin, vous pouvez spécifier le domaine, autrement dit le serveur, sur lequel le cookie sera accessible.

Utilisation

Nous allons maintenant apprendre à écrire et à lire dans un cookie.

Écrire dans un cookie

La méthode est très simple ! Il suffit d'utiliser l'objet *document.cookie* de cette façon :

```
document.cookie     =     "nomducookie=valeurducookie;expires=
DateDexpirationAuFormatGMT;path=leChemin;domain=leDomaine"
```

Pour créer un cookie permanent (qui ne s'efface pas en fin de session), nous pouvons donc créer cette petite fonction :

```
function CreationCookie(nom,valeur)
{
dateExp = new Date(2020,11,11);
dateExp = dateExp.toGMTString();
document.cookie = nom +'=' + escape(valeur) +'; expires=' + dateExp +';';
}
```

Imaginons que nous voulions créer un cookie pour savoir si le visiteur est déjà passé sur la page, nous appellerions la fonction comme ceci :

```
CreationCookie("DejaPasse","oui")
```

Et voilà, votre cookie est enregistré et ne s'effacera que dans vingt ans !

Pour voir si votre enregistrement est bien passé, affichez le contenu de votre fichier cookie, simplement avec cette instruction :

```
document.write(document.cookie);
```

Vous devriez voir cette ligne s'afficher sur votre navigateur :

DejaPasse=oui

Compliquons un petit peu notre affaire. Nous allons demander au visiteur de rentrer son nom, que nous mettrons dans un cookie. Ainsi, à chacune de ses visites suivantes, nous pourrons lui afficher un message personnalisé du genre "Bonjour Cédric !".

Ajoutons donc à notre code les instructions suivantes :

```
VisiteurNom = prompt('Entrez votre Prénom','Votre prénom ici');
CreationCookie("prenom",VisiteurNom)
```

Et voilà ! Votre prénom est maintenant écrit dans le cookie. Pour s'en assurer, lisez le contenu du cookie (instruction : document.write(document.cookie)), vous devriez avoir ceci :

DejaPasse=oui ; prenom=VotrePrenom

Lire un cookie

Vous venez de voir comment était construit l'objet *document.cookie*, toujours de cette façon :

```
nom=valeur;nom2=valeur2;nom3=valeur3
```

Les couples nom-valeur sont séparés entre eux par des points-virgules, les noms sont séparés des valeurs par des signes d'égalité (=).

Il ne reste donc plus qu'à construire une petite routine pour lire les valeurs que l'on désire et le tour est joué ! Voici un exemple de fonction permettant de lire le contenu d'un cookie :

```
function ScanCookie(variable)
{
cook = document.cookie;
variable += "=";
place = cook.indexOf(variable,0);
if (place <= -1)
return("0");
else
```

```
{
end = cook.indexOf(";",place)
if (end <= -1)
return(unescape(cook.substring(place+variable.length,cook.length)));
else
return(unescape(cook.substring(place+variable.length,end)));
}
}
```

Ainsi, si vous désirez afficher sur votre page le contenu du cookie nommé *prenom*, il vous suffit d'appeler la fonction en lui passant "prénom" en paramètre :

```
document.write(ScanCookie("prenom"))
```

Si le cookie existe, sa valeur sera retournée, s'il n'existe pas, la valeur 0 sera retournée.

Exemple de script : le nom du visiteur et son nombre de passages

Maintenant que vous avez compris comment fonctionnent les cookies, passons à un exemple un peu plus complexe. Il va falloir demander au visiteur son nom et s'en souvenir. Nous ajouterons une difficulté supplémentaire, compter le nombre de passages sur la page.

Le script

```
<html>
<head>

<SCRIPT LANGUAGE="JavaScript">
function ScanCookie(variable)
{
cook = document.cookie;
variable += "=";
place = cook.indexOf(variable,0);
if (place <= -1)
return("0");
else
{
end = cook.indexOf(";",place)
```

```
if (end <= -1)
return(unescape(cook.substring(place+variable.length,cook.length)));
else
return(unescape(cook.substring(place+variable.length,end)));
}
}

function CreationCookie(nom,valeur)
{
dateExp = new Date(2020,11,11);
dateExp = dateExp.toGMTString();
document.cookie = nom +'=' + escape(valeur) +'; expires=' + dateExp +';';
}
</SCRIPT>

</head>
<body>

<SCRIPT LANGUAGE="JavaScript">
if(ScanCookie("prenom")==0)
{
VisiteurNom = prompt('Entrez votre Prénom','Votre prénom ici');
CreationCookie("prenom",VisiteurNom)
}
Passages = ScanCookie("NbPassages");
Passages++;
CreationCookie("NbPassages",Passages)
document.write("Bonjour "+ScanCookie("prenom")+"<BR>C'est votre "
➥ +ScanCookie("NbPassages")+"e visite de cette page !")
</SCRIPT>

</body>
</html>
```

Explication du script

Tout d'abord, nous déclarons les deux fonctions qui serviront dans le script. Nous avons vu ces deux fonctions plus haut dans ce chapitre, donc n'hésitez pas à vous y reporter si vous n'avez pas tout bien saisi. La première sert à lire le cookie :

```
function ScanCookie(variable)
{
cook = document.cookie;
variable += "=";
place = cook.indexOf(variable,0);
if (place <= -1)
```

```
return("0");
else
{
end = cook.indexOf(";",place)
if (end <= -1)
return(unescape(cook.substring(place+variable.length,cook.length)));
else
return(unescape(cook.substring(place+variable.length,end)));
}
}
```

Le seconde, quant à elle, sert à écrire un cookie :

```
function CreationCookie(nom,valeur)
{
dateExp = new Date(2020,11,11);
dateExp = dateExp.toGMTString();
document.cookie = nom +'=' + escape(valeur) +'; expires=' + dateExp +';';
}
```

Vous pouvez remarquer que nous avons déclaré tout de suite les fonctions dans la partie située entre les balises <HEAD> et </HEAD> de la page, pour que celles-ci soient tout de suite chargées par le navigateur.

Dans le corps du document, entre les balises <BODY> et </BODY>, nous plaçons les instructions qui vont nous permettre d'écrire le nom du visiteur et son nombre de passages et de gérer les cookies. La gestion de ceux-ci se fera par appel des fonctions définies plus haut.

```
if(ScanCookie("prenom")==0)
{
VisiteurNom = prompt('Entrez votre Prénom','Votre prénom ici');
CreationCookie("prenom",VisiteurNom)
}
```

Nous voulons ici détecter si nous avons déjà demandé son nom à notre visiteur. Nous lançons donc tout de suite une lecture de cookie par l'intermédiaire de l'instruction ScanCookie("prenom"). Le programme va donc chercher à connaître la valeur du cookie *prenom*. Si *prenom* n'est pas défini, donc si le cookie n'existe pas, la fonction ScanCookie() retournera 0. Si c'est le cas, alors les deux lignes situées entre les accolades vont être exécutées.

La première de ces deux lignes va ouvrir une boîte pour demander le prénom de notre visiteur. Ce prénom sera alors stocké dans la variable VisiteurNom.

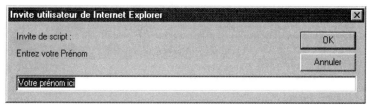

▲ Fig. 3.19 : *La boîte de dialogue s'ouvre et demande le prénom du visiteur*

La seconde ligne appelle la fonction CreationCookie() que nous avons définie et crée un cookie nommé *prenom* auquel sera associée la valeur de la variable VisiteurNom. En gros, on stocke le prénom du visiteur dans notre cookie.

Lors de sa visite suivante, la condition if(ScanCookie("prenom")==0) sera fausse, car le cookie *prenom* vaudra non plus 0, mais par exemple "Gérard" (en admettant que notre visiteur se nomme Gérard). Les commandes ci-dessus ne seront plus interprétées et son prénom ne lui sera plus jamais demandé.

```
Passages = ScanCookie("NbPassages");
Passages++;
CreationCookie("NbPassages",Passages)
```

Passons au nombre de passages de notre visiteur sur la page. On lance une lecture du cookie *NbPassages* via l'instruction ScanCookie ("NbPassages"). Le résultat est stocké dans la variable Passages. Si c'est sa première visite, le cookie *NbPassages* n'existe pas, donc la variable Passages prend la valeur 0.

Nous incrémentons ensuite la variable Passages d'une valeur, grâce à l'instruction Passages++.

Enfin, dans la troisième ligne, nous affectons au cookie *NbPassages* la nouvelle valeur. Ainsi, à chaque passage du visiteur sur la page, le cookie est incrémenté.

Il ne reste plus qu'à afficher le résultat sur notre page !

```
document.write("Bonjour "+ScanCookie("prenom")+"<BR>C'est votre "
➥ +ScanCookie("NbPassages")+"e visite de cette page !")
```

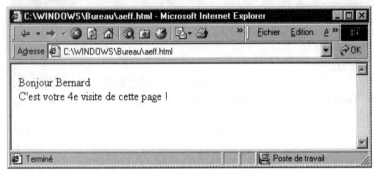

▲ Fig. 3.20 : *Et voilà le résultat après quelques passages !*

3.7   Débogage

Rien de plus énervant que de ne pas comprendre pourquoi un script ne fonctionne pas, vous ne trouvez pas ? Heureusement, les navigateurs sont là pour nous aiguiller et nous proposent quelques messages d'erreurs !

Voir les messages d'erreur

Nous allons tester un petit script :

```
<SCRIPT LANGUAGE="JavaScript">
document.write(a);
</SCRIPT>
```

Ce script contient une erreur, car la variable a est indéfinie. Testez ce script sur vos navigateurs. Si vous ne voyez pas de messages d'erreur, ce n'est pas grave ! Voici les méthodes pour les faire parler !

Voir les erreurs avec Internet Explorer

Exécutez donc le script donné précédemment. Si vous ne voyez rien apparaître, c'est que votre navigateur est configuré pour ne pas afficher les messages d'erreur. Un seul signe montre qu'il y a un problème dans votre page, c'est la petite icône en bas à droite du navigateur.

▲ Fig. 3.21 : *Il y a un problème !*

Pour savoir d'où vient l'erreur, il suffit de double-cliquer sur cette icône et vous devrez voir apparaître une boîte de dialogue. Cliquez maintenant sur le bouton **Détails** et vous pourrez voir quel est le problème et à quelle ligne il se situe !

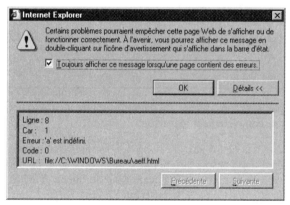

▲ Fig. 3.22 : *Il ne reste plus qu'à réparer !*

Voir les erreurs avec Netscape 4

Exécutez maintenant le script sur Netscape 4. Vous verrez un petit message en bas de la fenêtre du navigateur vous indiquant que la page contient des erreurs. Pour les voir, il vous suffit de taper "`javascript:`" dans la barre d'adresses. La console JavaScript va alors s'ouvrir. Celle-ci contient toutes les erreurs trouvées sur la page.

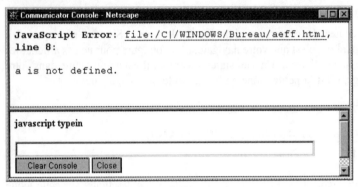

▲ Fig. 3.23 : *La console JavaScript de Netscape 4*

N'oubliez pas de vider la console à chaque test de votre page.

Voir les erreurs avec Netscape 6

Netscape 6 marque un profond chamboulement dans son interprétation du JavaScript par rapport à son prédécesseur Netscape 4, le rendant complètement incompatible avec celui-ci dans certains domaines comme le DHTML. C'est sans doute pour que les internautes ne soient pas submergés d'alertes pendant leur navigation que les programmeurs de ce navigateur n'ont pas souhaité afficher de messages d'erreur. Ainsi, une page "boguée" passe complètement inaperçue.

Netscape a tout de même pensé aux développeurs que nous sommes en dotant son browser d'une console JavaScript semblable à celle de son prédécesseur. Ainsi, pour l'afficher, cliquez dans le menu **Tâches**, sélectionnez **Outils** et enfin **Console JavaScript**.

▲ Fig. 3.24 : *La console JavaScript de Netscape 6*

N'oubliez pas de vider la console à chaque test de votre page.

Exemples de messages d'erreur

Nous avons les messages d'erreur : très bien ! Mais il n'est pas toujours très clair de trouver d'où vient le problème.

Voici donc une petite liste de messages accompagnés de leur signification.

Tab. 3.5 : Les principaux messages d'erreur

Message	Problème
'X' est indéfini	La variable X n'a pas été définie. Ajouter simplement un `var X;` au début de son programme résoudra sûrement le problème.
Cet objet ne gère pas cette propriété ou cette méthode	Cela veut bien dire ce que cela veut dire ! Vous avez associé à un objet une méthode ou une propriété à laquelle il ne peut être associé. Vérifiez la liste des méthodes ou propriétés de cet objet dans le chapitre *Les bases du JavaScript* de cet ouvrage.
Erreur de syntaxe	Vous avez fait une erreur de programmation dans votre programme. Regardez bien la ligne où se situe l'erreur, vous finirez bien par la trouver !
Constante chaîne non terminée	Vous avez mal fermé une déclaration de variable de type chaîne. Par exemple, l'instruction `var message = 'Bonjour;` provoque cette erreur car il manque le second apostrophe pour fermer votre chaîne.
';' attendu	Indique souvent que vous avez inséré un caractère incorrect dans une chaîne. Par exemple, l'instruction `var message = 'Bonjour c'est moi!';` provoque cette erreur car la seconde apostrophe est comprise comme définissant la fin de la chaîne. Les caractères qui suivent sont alors incompris et provoquent cette erreur. Voici l'instruction correcte : `var message = 'Bonjour c\'est moi!';`. Le signe '\' indique à JavaScript qu'il doit interpréter l'apostrophe non comme une fin de chaîne mais comme un simple caractère.

3.8 Plus loin dans les événements JavaScript

Nous avons déjà vu ensemble au chapitre *Les bases du Javascript* ce que sont les événements JavaScript. Rappelons juste qu'il s'agit d'une particularité de votre langage préféré, qui permet d'exécuter telle ou telle action suivant ce que fait l'utilisateur, par exemple s'il clique sur une image, remplit une certaine case d'un formulaire ou appuie sur un bouton de la souris.

Liste des différents événements

Il existe de nombreux événements JavaScript, dont voici les plus intéressants :

Tab. 3.6 : Les événements JavaScript

Événement	Objet concerné	Description	Version JavaScript
onBlur	Form, Window	L'objet a perdu le focus (il n'est plus au premier plan).	1.0
onChange	Form	L'élément du formulaire a été modifié.	1.0
onClick	Document, Form, Link	Il s'est produit un clic sur l'objet.	1.0
onDblClick	Link	L'utilisateur a double-cliqué.	1.2
onError	Image, Window	Erreur lors du chargement de l'objet.	1.1
onFocus	Form, Window	L'objet a gagné le focus.	1.0
onKeyDown	Link, Image, Form	Une touche du clavier a été appuyée.	1.2
onKeyPress	Link, Image, Form	Une touche a été appuyée puis relâchée.	1.2
onKeyUp	Link, Image, Form	Une touche vient d'être relâchée.	1.2
onLoad	Image, Window	L'image ou la page est chargée.	1.0
onMouseDown	Link, Form	Un des boutons de la souris a été appuyé.	1.2
onMouseOut	Link	La souris vient de quitter la zone définie.	1.1
onMouseOver	Link	La souris vient de passer sur un lien.	1.0
onMouseUp	Link, Form	Un bouton de la souris a été relâché.	1.2
onMove	Window	La fenêtre a été déplacée.	1.2
onResize	Window	La fenêtre a été redimensionnée.	1.2
onSelect	Form	Du texte a été entré dans un élément de formulaire.	1.0

Tab. 3.6 : Les événements JavaScript

Événement	Objet concerné	Description	Version JavaScript
onSubmit	*Form*	Le formulaire a été validé.	1.0
onUnload	*Window*	L'URL de la fenêtre a été changée.	1.0

Remarque

Window et Frame

Toutes les frames sont des objets *window* ! Les événements s'appliquant aux objets *window* s'appliquent donc aussi aux objets *frame*.

Astuce

Un clic sur une image ?

JavaScript 1.2 ne comprend pas l'événement "clic sur une image", bien qu'Internet Explorer étende onClick à l'objet *Image*. Il existe une astuce, qui consiste à encercler l'image par une balise de lien contenant un onClick :

```
<a href="javascript:action()"><img src="image.gif"
border="0"></a> ou <a href="#" onClick="action();
return(false)"><img src="image.gif" border="0"></a>
```

Quelques exemples

Il est possible d'exécuter quantité d'actions grâce aux événements JavaScript. Par exemple, ils sont très utiles dans le test de validité (on dit aussi *check*) d'un formulaire.

Validité d'une date de naissance

Dans le script suivant, l'utilisateur doit entrer sa date de naissance dans un champ *texte*. Si la date paraît invalide, on lui demande de corriger. Ce code est très simple et vous sera très utile dans la plupart des formulaires :

```
<HTML>
<HEAD><TITLE>onBlur()</TITLE>
<SCRIPT LANGUAGE="JavaScript">
function valid(form){
var input=0;
input=document.formulaire.data.value;
if ( (input<1920) || (input>2000) ) {
    alert("Veuillez entrer une date valide SVP !");
}
}
</SCRIPT>
</HEAD>
<BODY BGCOLOR="FFFFFF" TEXT="000000">
Essayer d'entrer une date de naissance erronée:<BR>
<form name="formulaire">
<input type="text" name="data" value=""
size="4" onBlur='valid(this.form)'>
</form>
</BODY>
</HTML>
```

Lorsque l'utilisateur entre une date erronée (nous l'avons arbitrairement choisie entre 1950 et 2000) et clique hors du champ (sur un bouton **Valider** par exemple), on teste la valeur du champ.

L'événement utilisé ici est bien évidemment onBlur(), qui agit lorsque l'objet perd le focus.

▲ Fig. 3.25 : *Lorsqu'une date invalide est entrée...*

▲ Fig. 3.26 : *Nous lançons un appel à l'ordre*

À la prochaine !

onUnload() est un événement appelé lorsque la page actuelle (ou la frame) est fermée ou changée. Il est alors facile de glisser un "au revoir" au visiteur et de le remercier d'avoir visité votre page :

```
<HTML>
<HEAD><TITLE>onUnload()</TITLE>
<SCRIPT LANGUGE="JavaScript">
function goodbye(){
    alert("Ce n'est qu'un au revoir... A la prochaine !");
}
</SCRIPT>
</HEAD>
<BODY onUnLoad="goodbye()">
<H3>Non, non, ne quittez pas la page !</H3>
</BODY></HTML>
```

Ce script est très court et très simple. Lorsque l'utilisateur quitte la page, onUnload() exécute la fonction goodbye(), qui envoie un message via la méthode alert().

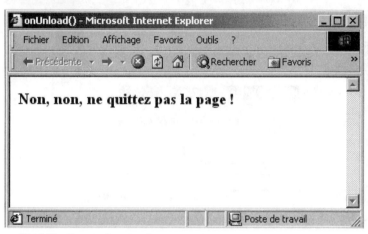

▲ Fig. 3.27 : *Tentons de quitter la page...*

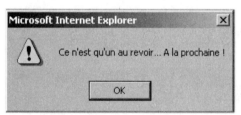

▲ Fig. 3.28 : *Quel chaleureux message d'au revoir !*

Où voulez-vous aller aujourd'hui ?

Dernier exemple, bien sympathique et toujours aussi utile pour votre site, un menu permettant une navigation plus facile entre les différentes rubriques qui le composent. Nous utilisons pour cela un menu déroulant, dont la balise HTML est <SELECT>. Mais faisons place au script :

```
<HTML>
<HEAD><TITLE>onChange()</TITLE>

<SCRIPT LANGUAGE="JavaScript">
function ChangeUrl(formulaire) {
    if (formulaire.ListeUrl.selectedIndex != 0) {
        location.href = formulaire.ListeUrl.options[formulaire.ListeUrl
        ➥ .selectedIndex].value; }
```

```
    else {
        alert('Veuillez choisir une destination.');}
}
</SCRIPT>
</HEAD>

<BODY>
<H3>Où voulez-vous aller aujourd'hui ?</H3>
<FORM>
<SELECT NAME="ListeUrl" SIZE=1 onChange="ChangeUrl(this.form)">
<OPTION SELECTED VALUE="">-Selectionnez votre destination-
  <OPTION VALUE="index.htm">sommaire
  <OPTION VALUE="moi.htm">qui suis-je ?
  <OPTION VALUE="js.htm">le javascript
</SELECT>
</FORM>
</BODY></HTML>
```

Pour la partie HTML, rien de bien compliqué, nous déclarons un menu déroulant comprenant quatre valeurs différentes : la première, que nous utiliserons comme titre, et les trois suivantes, correspondant aux différentes rubriques.

Lorsqu'une sélection est faite dans le menu, l'événement onChange() est appelé. Souvenez-vous de la méthode pour retrouver la valeur d'un champ *select*.

Nous voulons extraire la valeur du formulaire formulaire ; dans ce formulaire, nous choisissons ensuite le champ qui nous intéresse, ListeUrl, qui est le nom du menu déroulant. Comme nous l'avons vu dans le chapitre *Les bases du Javascript*, il ne nous reste plus qu'à atteindre la valeur recherchée, l'objet options[n].value, où n est la valeur sélectionnée, obtenue par formulaire.ListeUrl.selectedIndex.

Donc, la valeur sélectionnée est :

```
formulaire.ListeUrl.options[formulaire.ListeUrl.selectedIndex].value
```

Si l'index de la valeur sélectionnée est égal à 0, il s'agit du titre, auquel cas on avertit l'utilisateur qu'il doit faire un autre choix, par l'intermédiaire d'un alert().

Dans le cas contraire, on redirige l'utilisateur vers le nom de la page sélectionnée, grâce à la propriété location.href.

Simple comme bonjour, non ?

▲ Fig. 3.29 : *Faites votre choix !*

Encore des exemples ?

Si vous aimez les événements, précipitez-vous sur les chapitres *Introduction au DHTML* et *Exemples de scripts DHTML*, qui vous initient au DHTML, très friand d'événements en tout genre.

Chapitre 4

Introduction au DHTML

4.1 Qu'est-ce que le DHTML ? 209

4.2 Le DOM 210

4.3 Méthodes et propriétés du DOM 217

4.1   Qu'est-ce que le DHTML ?

Vous avez sûrement déjà entendu parler du DHTML. C'est un langage compliqué, posant de véritables problèmes de compatibilité entre navigateurs, permettant de faire des choses étonnantes avec une simple page web, mais qui reste obscur pour la plupart des programmeurs.

Brisons ces préjugés !

Tout d'abord, le DHTML n'existe pas. Ce n'est pas un langage à proprement parler, il n'a jamais été défini par le W3C (organisme qui tente de mettre un peu de rigueur dans les formats existant sur Internet). Le *Dynamic HTML* est en fait une combinaison de trois choses qui ne doivent pas vous être étrangères :

- le HTML dans sa version 4.0 ;
- le JavaScript ;
- les feuilles de style (ou CSS).

Le DHTML n'est dont pas si compliqué que cela, puisque le langage employé est le JavaScript, que vous connaissez bien maintenant, qui utilise simplement des objets et des propriétés nouvelles, définis dans la version 4 du langage HTML.

La compatibilité entre les navigateurs reste un gros problème pour les webmasters, et les prémices du DHTML n'ont pas été simples ! Netscape et Internet Explorer se sont vus, au fur et à mesure des versions, affublés de quantité d'objets de propriétés nouveaux, bien entendu parfaitement incompatibles entre les deux navigateurs.

Le W3C a mis du temps à y mettre de l'ordre et à grandement simplifier la tâche des programmeurs en créant le DOM (*Document Objet Model*), qui est en quelque sorte la cartographie complète des objets et éléments du navigateur. En utilisant le DOM, il est possible de passer outre la détection du navigateur et le fait d'écrire un code pour chacun, chose autrefois indispensable.

Enfin, oui, le DHTML permet de faire des choses étonnantes, comme jouer avec des images en les faisant bouger dans le navigateur, jouer avec la transparence, avec la superposition d'éléments, ce qui ouvre au programmeur de nouvelles voies dans la création de sites Internet dynamiques.

4.2 Le DOM

Le DOM permet aux scripts d'avoir accès aux éléments d'une page HTML et de les modifier, quels que soient le navigateur et la plate-forme utilisés (pour peu que votre navigateur le supporte, c'est-à-dire soit aussi récent qu'Internet Explorer 5.0 ou Netscape 6.0, ce qui aujourd'hui représente déjà la grande majorité des utilisateurs).

Il permet également, et c'est ce qui est révolutionnaire, d'ajouter et d'enlever des tags de la page, bref, de la modifier complètement.

Remarque

En savoir un peu plus

Le site du DOM : www.w3.org/DOM/.
La mailing-list officielle du DOM : www.w3.org/DOM/
MailingList/.

Hiérarchie du DOM

Voici un bout de code HTML on ne peut plus simple, qui crée un paragraphe de texte :

```
<p>Voici un texte</p>
```

Dans la logique du DOM, vous avez créé deux objets : <p>, qui est un paragraphe, et le texte "Voici un texte", qui est l'enfant de <p>, puisque contenu dans celui-ci.

Vous pouvez agir sur chacun de ces deux éléments grâce au DHTML, par exemple définir que le paragraphe sera centré à droite ou que le texte deviendra : "En voici un autre."

Arrivez-vous bien à saisir la puissance du DHTML ?

Compliquons un peu, en ajoutant un peu d'italique :

```
<p>Voici un texte en <i>italique</i></p>
```

Nous avons toujours le père, <p>, mais qui cette fois-ci à deux fils, "Voici un texte en" et la balise <i>. Cette balise <i> est d'ailleurs le père de "italique".

Dans une page HTML classique, <p> serait bien évidemment le fils du tag qui le contient, <body>.

Chacun de ces éléments du DOM, <p>, <i>, "Voici un texte en", "italique", est appelé un **node**.

Il y a trois types de nodes :

■ les tags (<P>, <B>, ...) ;

■ les attributs (align, src, value, ...) ;

■ le texte.

Atteindre un élément

Il existe plusieurs façons "d'atteindre" un élément précis de la page, c'est-à-dire de dire au navigateur que l'on veut désormais travailler avec cet élément-là et pas un autre.

getElementsByTagName

La première façon consiste à travailler avec les tags identiques de la page. Pour atteindre un élément <p>, on demande au navigateur de sélectionner un élément par son numéro de création. Par exemple, si votre page contient quatre éléments <p>, alors on peut sélectionner le deuxième, par :

```
var element = document. getElementsByTagName ('P')[1];
```

Ainsi, dans le tableau contenant tous les éléments <p>, on sélectionne le numéro 1, c'est-à-dire le deuxième (on commence toujours à zéro).

Évidemment, la structure de la page HTML doit être rigoureuse. Si vous ajoutez un paragraphe au début de la page, alors, tous les éléments seront décalés !

getElementById

Il existe une meilleure solution pour atteindre un élément. Meilleure car plus sûre, le code restant valable même si la page est modifiée. Pour cela, chaque élément dont vous aurez besoin doit être affublé d'un ID unique, comme dans l'exemple suivant :

```
<P ID='paragrahe_du_titre">Texte</P>
```

Pour atteindre cet élément, on utilisera donc :

```
var element = document.getElementById ('paragraphe_du_titre");
```

Nous ne pouvons que vous conseiller d'utiliser cette méthode plutôt que la précédente, afin d'éviter de sombrer dans la confusion la plus totale quand votre page commencera à devenir compliquée.

Modifier un élément

Maintenant que nous savons comment atteindre un élément de la page, il reste la partie la plus intéressante : modifier ce dernier. Un nouveau mot-clé fait alors son apparition : nodeValue. Son fonctionnement est identique à celui, par exemple, de value pour un champ *texte* ; il est lisible par le programme, et on peut écrire dedans (le modifier).

Prenons à nouveau un paragraphe :

```
<P ID='para'>Un premier texte.</P>
```

Nous voulons modifier sa valeur lorsque l'utilisateur clique sur un bouton situé au-dessous. En premier lieu, créons un bouton :

```
<p id='para'>Voici un texte</p>
<input type=button value="changer">
```

Maintenant que les éléments sont en place, ajoutons un événement onClick() :

```
<p id='para'>Voici un texte</p>
<input type=button onClick="document.getElementById('para').firstChild
➡ .nodeValue='En voici un autre !'" value="changer">
```

Ainsi, lorsque l'utilisateur clique sur le bouton, nous sélectionnons l'élément para, puis son premier (et unique) fils par firstChild, et nous modifions sa valeur grâce à nodeValue.

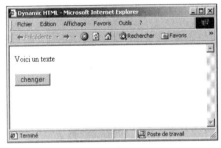

▲ Fig. 4.1 : *Le texte de départ*

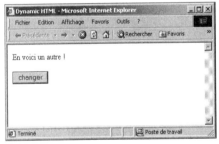

▲ Fig. 4.2 : *Celui d'arrivée. Merci DOM !*

Pour un tag HTML, il existe deux éléments distincts : sa valeur et ses attributs. Nous savons désormais changer la valeur d'un tag, par node-Value ; voyons maintenant comment changer ses attributs.

Un attribut se décompose en deux éléments : le nom de l'attribut et sa valeur. Par exemple, pour une image définie par :

```
<IMG ID=image1 SRC="titre.gif" WIDTH=300 HEIGHT=200>
```

nous avons trois attributs, SRC, WIDTH et HEIGHT, avec comme valeur respective titre.gif, 300 et 200.

Pour modifier un attribut, il existe la méthode setAttribute(), qui demande deux arguments : le nom de l'attribut et la nouvelle valeur. Logique, non ?

Taille d'une image

Ainsi, nous pouvons modifier la hauteur de l'image définie ci-dessus :

```
document.getElementById('image1').setAttribute('HEIGHT','100');
```

En prenant une image mondialement connue, comme celle de la Joconde, et en augmentant la largeur de l'image, on peut facilement imaginer Mona Lisa un peu plus... enrobée, avec le code suivant :

```
<img id=joconde src=joconde.jpg width=280 height=432>
<br> (voir fig. 4.3, 4.4)
<input type=button onClick="document.getElementById('joconde')
➥ .setAttribute('width','350')" value="Ajouter 30kg à Mona Lisa">
```

▲ Fig. 4.3 : *La Joconde*

▲ Fig. 4.4 : *La même revisitée grâce au DHTML*

Alignement d'un texte

Autre exemple : il est parfaitement possible de modifier l'alignement d'un texte, en modifiant l'attribut `align` d'une balise `<p>` définissant un paragraphe.

```
<p id='para' align='left'>Voici un texte</p>
<input type=button onClick="document.getElementById('para').setAttribute
➥ ('align','left')" value="gauche">
<input type=button onClick="document.getElementById('para').setAttribute
➥ ('align','center')" value="centré">
<input type=button onClick="document.getElementById('para').setAttribute
➥ ('align','right')" value="droite">
```

◄ Fig. 4.5 :
Le texte à gauche

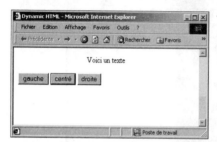

◄ Fig. 4.6 :
Le texte centré

◄ Fig. 4.7 :
Le texte à droite

Remarque

Attention à la casse !

Dans la programmation en général et dans le DHTML en particulier, la casse (différence majuscules/minuscules) est importante, prêtez-y donc la plus grande attention, il serait dommage de perdre quelques heures de travail pour un bug aussi sournois que celui-ci.

4.3 Méthodes et propriétés du DOM

Voici la liste des propriétés et méthodes définies dans le DOM par le W3C :

Tab. 4.1 : Liste des méthodes et propriétés du DOM

Méthode ou propriété	Description	Supporté par IE 5 ?	Supporté par NS 6 ?
x.appendChild(y)	y devient un enfant de x.	Oui	Oui
x.childNodes[n]	Sélectionne le (n+1)ième élément de x.	Oui	Oui
x.clearAttributes()	Efface tous les attributs de x.	Oui	Non
x=y.cloneNode()	x devient un node copie conforme de y.	Oui	Oui
x=createElement(y)	Crée un nouvel élément y (createElement('B') crée une balise <B>.	Oui	Oui
x=createTextNode(texte)	Crée un node texte contenant la valeur associée.	Oui	Oui
x.data	Valeur texte de x (équivalent à nodeValue).	Oui	Oui
x.firstChild	Le premier élément fils de x.	Oui	Oui
x=y.getAttribute ('attribut')	Renvoie la valeur de l'attribut 'attribut' pour le node y.	Oui	Oui
x=document.getElementById ('y')	Sélectionne l'élément dont l'id est 'y'.	Oui	Oui
x=document.getElement ByName('y')	Identique à la précédente, mais travaille avec l'attribut name.	Oui	Oui
x=document.getElement ByTagName('y')	Renvoie un tableau contenant tous les nodes dont la balise de définition est 'y'.	Oui	Oui
y.hasAttributes()	Renvoie true si le node y comprend déjà des attributs, false dans le cas inverse.	Oui	Oui
y.hasChildNodes()	Renvoie true si le node y a des enfants.	Oui	Oui

Tab. 4.1 : Liste des méthodes et propriétés du DOM

Méthode ou propriété	Description	Supporté par IE 5 ?	Supporté par NS 6 ?
x.id	L'ID du node x. Peut être modifié : x.id='nouveau_nom';	Oui	Oui
x.innerHTML	Propriété importante, qui peut être modifiée. Sa valeur est le code HTML contenu dans le node x.	Oui	Oui
x.innerText	Semblable à innerHTML, cette propriété ignore les tags HTML et ne renvoie que le texte.	Oui	Oui
x.insertBefore(y,z)	x devient un node enfant d'y et sera placé juste avant z.	Oui	Oui
x.lastChild()	Sélectionne le dernier enfant du node x.	Oui	Oui
x.name	Renvoie le nom du node x.	Non	Oui
x.nodeName	Nom du node x.	Oui	Oui
x.nodeType	Type du node (1 pour un tag, 2 pour un attribut, 3 pour du texte).	Oui	Oui
x.nodeValue	La valeur du node x, accessible en lecture et en écriture.	Oui	Oui
x.parentNode	Le node parent de x.	Oui	Oui
x.removeAttribute('y')	Efface l'attribut 'y' du node x.	Oui	Oui
x.removeChild(y)	Efface le node y, dont le parent est x.	Oui	Oui
x.replaceChild(y,z)	Remplace z, fils de x, par y.	Oui	Oui
x.replaceNode(y)	Remplace x par y.	Oui	Non
x.setAttribute('y','z')	Remplace la valeur de l'attribut y par z, pour le node x.	Oui	Oui
x.tagName	Renvoie le nom de node x.	Oui	Oui

Ce sont avec ces méthodes et propriétés que vous accéderez à la puissance véritable du DHTML.

Pour voir sans plus attendre quelques exemples de ce qu'est capable le JavaScript couplé au DOM, rendez-vous au chapitre *Exemples de scripts DHTML*.

Le DHTML et les applications graphiques : <DIV> et <SPAN>

Pour utiliser le DHTML de façon graphique (images qui bougent, qui apparaissent, disparaissent, etc.), il est nécessaire de coupler le JavaScript et le DOM avec les balises <DIV> et <SPAN>. Comme les attributs avancés de ces deux balises ne vous sont peut-être pas tout à fait familiers, nous allons les (re)voir ensemble.

<DIV> et <SPAN> sont deux balises servant à grouper des éléments de la page HTML, afin de pouvoir agir sur tous en même temps. <SPAN> sert surtout à grouper des éléments de texte. Pour les applications DHTML, il est préférable d'utiliser <DIV>.

Les propriétés suivantes sont prises en compte par <DIV> et par <SPAN> :

Tab. 4.2 : Les propriétés avancées des balises DIV et SPAN		
Propriété	Valeurs possibles	Effet des valeurs
position	Static, absolute, relative	Position du bloc : aucun mouvement, positionnement par rapport au document ou par rapport au dernier élément
left	Auto, n, n%	Distance par rapport au bord gauche : automatique, valeurs en pixels ou pourcentage
top	auto, n, n%	Distance par rapport au bord haut
width	auto, n, n%	Largeur du bloc, automatique, valeur entière, valeur en pourcentage
height	Auto, n, n%	Hauteur du bloc
overflow	Visible, hidden, auto	Contenu superflu du bloc : affichage, cache, automatique

Propriété	Valeurs possibles	Effet des valeurs
clip	auto, bottom, left, right, top	Découpage : automatique, en bas, à gauche, à droite, en haut
visibility	Inherit, hidden, visible	Visibilité du bloc : par défaut, caché, visible
z-index	auto, n	Superposition du bloc par rapport aux autres blocs : automatique, valeur entière

Tab. 4.2 : Les propriétés avancées des balises DIV et SPAN

Remarque

Plus d'info

Attribut Style

Pour les propriétés CSS style (par exemple dans une balise <DIV>), getAttribute('style') renvoie un tableau contenant toutes les valeurs du style. Ainsi, pour modifier la taille de police d'un bloc <DIV> défini par <DIV id='bloc' style="top=20px">texte</DIV>, on exécutera le code suivant : document.getElementById('bloc').style.top="40px".

Affectation des valeurs

Les différentes valeurs que peut prendre chacune des propriétés ci-dessus sont compatibles HTML 4.0 et sont affectées par un attribut style, conformément aux *CSS*.

Pour définir un bloc <DIV> situé à 20 pixels du bord gauche et à 50 du bord haut, nous avons donc :

```
<DIV style="position: absolute; top: 50px; left: 20px"></DIV>
```

Vous aurez bien entendu reconnu la syntaxe conventionnelle des feuilles de style.

Position : absolue, relative

La position des blocs peut être définie comme absolue ou relative.

Dans une position absolue, le bloc est défini par rapport à la page HTML ; dans la position relative, il sera défini par rapport à la position de l'élément qui le précède.

L'image de bison ci-dessous est d'abord définie en tant que relative, c'est-à-dire qu'elle sera 40 pixels plus bas et 30 pixels plus à gauche que le dernier élément, le titre :

```
<h1>Le bison</h1>
<div style="position: relative; top=40; left=30"><img src=bison.jpg
➥ width=310 height=250></div>
```

▲ Fig. 4.8 : *Le bison en position relative*

Puis on modifie la position du bison, pour la placer en absolute, c'est-à-dire définie par rapport à la page HTML :

```
<h1>Le bison</h1>
<div style="position: absolute; top=40; left=30"><img src=bison
➥ .jpg width=310 height=250></div>
```

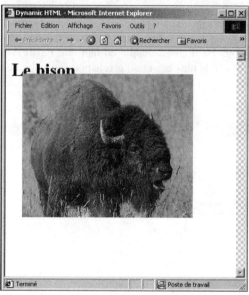

▲ Fig. 4.9 : *Le bison en position absolue*

z-index

Les différents blocs définis par des balises <DIV> peuvent se superposer. En cas de superposition, il est possible de définir quels seront les blocs "au-dessus" et lesquels seront "au-dessous" les uns des autres. C'est là qu'intervient le z-index : le navigateur affiche les blocs par ordre croissant de z-index ; ainsi, le bloc ayant le z-index le plus grand se situera au-dessus de tous les autres.

Il est alors possible, par exemple en couplant cette propriété avec JavaScript et le DOM, de créer des calques en mouvements, qui passent les uns sous les autres.

```
<h1>Superposition d'hélicoptères</h1>
```

```
<div id="helicol" style="position: absolute; top=110; left=30;
➥ z-index=2"><img src=helicol.jpg></div>
<div id="helico2" style="position: absolute; top=150; left=120;
➥ z-index=1"><img src=helico2.jpg></div>
<input type="button" onClick="document.getElementById('helicol')
➥ .style.zIndex=0" Value="Helico 2 au rapport !">
<input type="button" onClick="document.getElementById('helicol')
➥.style.zIndex=2" Value="Helico 1 au rapport !">
```

Nous créons deux blocs, un avec un z-index égal à 2 et l'autre égal à 1 ;
la première image sera donc au-dessus.

Lors d'un clic sur le second bouton, on passe le z-index du premier bloc
à 0, ce qui a pour effet de le faire passer au-dessous du second.

Remarque

z-index et zIndex

Lors d'une déclaration style, on écrit z-index, mais
lorsqu'on accède à cette propriété par le DOM, alors,
on écrit zIndex. Faites-y attention, cela est source
d'erreurs !

▲ Fig. 4.10 : *Hélicoptère 1 au rapport*

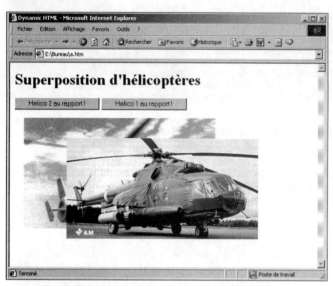

▲ Fig. 4.11 : *Hélicoptère 2 au rapport*

Si cette introduction au DHTML vous a semblé quelque peu obscure, ne vous en faites pas. Les scripts d'exemples qui suivent utilisent les méthodes et objets que nous venons de voir, en les étudiant vous vous habituerez vite à ce nouveau concept. Ne perdez pas espoir, le DHTML n'est pas si compliqué !

Chapitre 5

Exemples de scripts DHTML

5.1 Un texte qui fait des vagues 227

5.2 Afficher un texte au passage de la souris 231

5.3 Une image qui suit le curseur 235

5.4 Afficher le détail d'un lien 245

5.5 Une image qui se promène 250

5.6 Menu dynamique 260

Nous allons maintenant mettre en œuvre ce que nous avons vu dans le chapitre précédent. Surtout, pour bien comprendre ces scripts, n'hésitez pas à les modifier à votre guise, à voir ce qui se passe si vous ajoutez telle ou telle instruction. C'est en forgeant que l'on devient forgeron...

5.1 Un texte qui fait des vagues

Un texte qui fait des vagues ? JavaScript permet effectivement les effets les plus fous ! Voici un premier exemple de ses possibilités, avec un texte animé utilisant la propriété que nous venons de découvrir, innerHTML.

En premier lieu, nous définissons un <div> vide, qui contiendra le texte :

```
<div ID="theDiv" align="center">
</div>
```

L'algorithme de calcul est en somme assez simple : on découpe le texte qui doit être animé en caractères, et chacun d'eux aura une taille différente. Ainsi, en affectant une taille de 1 au premier caractère, de 2 au deuxième, de 3 au troisième, puis l'instant d'après une taille de 2 au premier, de 3 au deuxième, de 2 au troisième, l'instant d'après encore 3 au premier, 2 au deuxième, 1 au troisième, et ainsi de suite, on aura chaque caractère qui grandira et rapetissera au fur et à mesure, créant l'effet de vague recherché.

Si on utilise cet algorithme pour un texte plus long, avec des tailles de caractères variant suivant une fonction sinus ou cosinus, on aura une vague parfaite.

Définissons en premier lieu le texte qui s'affichera :

```
var theText = "Le Javascript, c'est cool !";
```

La fonction nextSize() retourne la taille d'un caractère de la vague suivant la longueur totale du texte et la position du caractère dans la chaîne texte. Si vous n'aimez pas les maths, pas besoin de vous attarder plus longtemps dessus, sinon observez qu'elle prend le sinus de (pi*i)/ longueur, multiplié par 72, qui est la taille maximale d'un caractère.

```
function nextSize(i,textLength) {
return (72*Math.abs( Math.sin(i/(textLength/3.14)))));
}
```

S'il vous est nécessaire de modifier la taille du texte, modifiez juste la valeur 72, exprimée en pixels.

▲ Fig. 5.1 : *Un effet génial, n'est-ce pas ?*

Nous connaissons donc la taille d'un caractère du texte, intéressons-nous maintenant à la fonction sizeCycle(), qui affiche dans le <div> le texte généré :

```
function sizeCycle(text,dis) {
    output = "";
    for (i = 0; i < text.length; i++) {
        size = parseInt(nextSize(i +dis,text.length));
        output += "<font style='font-size: "+ size +"pt'>" +text
        ➥ .substring(i,i+1)+ "</font>";
    }
    theDiv.innerHTML = output;
}
```

Nous définissons output, variable qui contiendra le texte final.

Une boucle for parcourt chacun des caractères du texte et récupère sa hauteur grâce à la fonction nextSize() que nous venons de voir. Pour que la taille des caractères change au fur et à mesure, l'emplacement du caractère est décalé, en ajoutant la variable dis, passée en paramètre.

Remarque

parseInt()

La fonction `nextSize()` renvoie une chaîne de caractères du type 0,8565464... Pour la convertir en nombre sans décimales, il est indispensable d'avoir recours à la méthode `parseInt()`. Que fera votre browser d'un caractère mesurant 0,4864846 pixels de haut ?

Ainsi, en appelant `sizeCycle()` avec une variable `dis` différente, la vague sera différente, ce qui produira l'animation.

Chaque caractère est entouré d'une balise `<font>` définissant sa taille en pixels. La concaténation de tous les caractères forme la chaîne finale, que nous envoyons dans le `<div>` prévu à cet effet à l'aide de la propriété `innerHTML`, vue au chapitre précédent.

Créons ensuite la fonction `doWave()`, qui appellera la fonction `sizeCycle()` avec les bons paramètres :

```
function doWave(n) {
    sizeCycle(theText,n);
    if (n > theText.length) {n=0}
    setTimeout("doWave(" + (n+1) + ")", 50);
}
```

La fonction prend en paramètre `n`, le décalage du texte, qui sera passé à `sizeCycle()`. Au début du script, nous l'appelons sans décalage :

```
<body onLoad="doWave(0)">
```

Si jamais le décalage est supérieur à la taille du texte, alors, nous devons le remettre à zéro pour éviter tout débordement :

```
if (n > theText.length) {n=0}
```

Puis nous appelons la fonction elle-même, dans 50 millisecondes, avec un décalage supérieur :

```
setTimeout("doWave(" + (n+1) + ")", 50);
```

Ce genre de fonction, qui s'appelle elle-même, est appelée *réentrante*.

Le script complet

```
<html></head>

<title>Un bien curieux effet...</title>

<script language="JavaScript">

var theText = "Le Javascript, c'est cool !";

function nextSize(i,textLength) {
    return (72*Math.abs( Math.sin(i/(textLength/3.14))));
}

function sizeCycle(text,dis) {
    output = "";
    for (i = 0; i < text.length; i++) {
        size = parseInt(nextSize(i +dis,text.length));
        output += "<font style='font-size: "+ size +"pt'>" +text
        ➥ .substring(i,i+1)+ "</font>";
    }
    theDiv.innerHTML = output;
}

function doWave(n) {
    sizeCycle(theText,n);
    if (n > theText.length) {n=0}
    setTimeout("doWave(" + (n+1) + ")", 50);
}

</script>

<body onLoad="doWave(0)">

<div ID="theDiv" align="center">
</div>

</body>

</html>
```

▲ Fig. 5.2 : *Une autre étape de l'animation*

5.2 Afficher un texte au passage de la souris

Nous allons apprendre à utiliser la propriété `innerHTML`, qui permet d'écrire dans un <DIV>. Notre exemple va consister à afficher un petit texte d'explication au passage de la souris sur un lien.

▲ Fig. 5.3 : *Au chargement, un simple tableau avec des liens vers toute la famille*

▲ Fig. 5.4 : *Au passage de la souris, une description du lien survolé apparaît*

Première étape : créer le tableau HTML

Nous créons donc un tableau HTML contenant deux lignes :

■ La première va recevoir les liens.

■ La seconde, les descriptions.

Voici le code HTML de notre tableau :

```
<TABLE BORDER=1 WIDTH=90%>
<TR>
<TD ALIGN=center><A HREF="mamere.html">Ma mère</A></TD>
<TD ALIGN=center><A HREF="monpere.html">Mon père</A></TD>
<TD ALIGN=center><A HREF="monfrere.html">Mon frère</A></TD>
<TD ALIGN=center><A HREF="masœur.html">Ma sœur</A></TD>
<TD ALIGN=center><A HREF="monchien.html">Mon chien</A></TD>
</TR>
<TR>
<TD COLSPAN=5 ALIGN=center><DIV ID=texte></DIV></TD>
</TR>
</TABLE>
```

Remarquons tout de suite que nous avons placé une balise <DIV
ID=texte></DIV> dans la cellule de la seconde ligne. C'est en fait entre
ces deux balises que la description des liens va venir s'insérer. À part cela,
le tableau ainsi que les liens sont du HTML standard.

Deuxième étape : créer une fonction pour écrire dans le <DIV></DIV>

Nous l'avons vu dans le chapitre précédent, pour modifier le contenu des balises <DIV> il faut utiliser innerHTML. Nous allons donc créer une fonction, à laquelle nous allons associer deux paramètres : le texte à afficher ainsi que l'ID du DIV. Ainsi, cette fonction pourra être réutilisée plus tard même si nous voulons ajouter un second champ dynamique.

Voici la fonction :

```
<SCRIPT LANGUAGE=JavaScript>
function ChangeMessage(message,champ)
{
if(document.getElementById)
document.getElementById(champ).innerHTML = message;
}
</SCRIPT>
```

Avant de lancer l'instruction qui va permettre de changer le texte, nous détectons si le navigateur est compatible, grâce à if(document.getElementById). Ainsi, la ligne document.getElementById(champ).innerHTML = message; ne sera pas exécutée si celui-ci ne gère pas les dernières recommandations en matière de DHTML.

Troisième étape : détecter le survol d'un lien par la souris et lancer la fonction

Prenons un de nos liens, et plaçons-y des événements onMouseOver et onMouseOut qui lanceront chacun la fonction ChangeMessage() en passant leurs propres paramètres :

```
<A HREF="mamere.html" onMouseOver="ChangeMessage('Tout sur ma mère :
ses photos, des anecdotes, ses vacances...','texte')"
onMouseOut="ChangeMessage('','texte')">Ma mère</A>
```

Ainsi, au passage de la souris sur le lien *ma mère*, le message *Tout sur ma mère : ses photos, des anecdotes, ses vacances...* s'insérera entre les balises <DIV ID=texte></DIV>. Quand la souris quitte le lien, c'est une chaîne vide qui est envoyée à la fonction. L'ancien message disparaît. Il ne reste plus qu'à appliquer cette méthode sur tous nos liens.

Le script complet

```
<HTML>
<HEAD>
<TITLE>Exemple de scripts DHTML</TITLE>
<SCRIPT LANGUAGE=JavaScript>
function ChangeMessage(message,champ)
{
if(document.getElementById)
document.getElementById(champ).innerHTML = message;
}
</SCRIPT>
</HEAD>
<BODY>
<TABLE BORDER=1 WIDTH=90%>
<TR>
<TD ALIGN=center><A HREF="mamere.html"
onMouseOver="ChangeMessage('Tout sur ma mère : ses photos, des
anecdotes, ses vacances ...','texte')"
onMouseOut="ChangeMessage('','texte')">Ma mère</A></TD>
<TD ALIGN=center><A HREF="monpere.html"
onMouseOver="ChangeMessage('Tout sur mon père : ses photos, sa
maison, sa vie ...','texte')"
onMouseOut="ChangeMessage('','texte')">Mon père</A></TD>
<TD ALIGN=center><A HREF="monfrere.html"
onMouseOver="ChangeMessage('Tout sur mon frère : ses photos, ses
passions, ses copains, ...','texte')"
onMouseOut="ChangeMessage('','texte')">Mon frère</A></TD>
<TD ALIGN=center><A HREF="masœur.html"
onMouseOver="ChangeMessage('Tout sur ma sœur : ses photos, ses
jouets, ses dessins...','texte')"
onMouseOut="ChangeMessage('','texte')">Ma sœur</A></TD>
<TD ALIGN=center><A HREF="monchien.html"
onMouseOver="ChangeMessage('Tout sur mon chien eliott : ses photos,
sa niche, sa baballe :)','texte')"
onMouseOut="ChangeMessage('','texte')">Mon chien</A></TD>
</TR>
<TR>
<TD COLSPAN=5 ALIGN=center><DIV ID=texte></DIV></TD>
</TR>
</TABLE>
</BODY>
</HTML>
```

Plutôt simple, non ? En tout cas, beaucoup plus simple qu'on ne le pense !
Imaginez le rendu si vous combinez ce script avec une belle interface
graphique !

5.3 Une image qui suit le curseur

La principale difficulté de ce script est de détecter les mouvements et la
position de la souris. Après, il ne restera plus qu'à déplacer l'image en
conséquence. Pour compliquer un peu, nous ajouterons quelques obstacles :

- L'image ne doit pas être "collée" à la souris, mais doit donner
  l'impression de suivre le curseur à sa propre vitesse.

- L'image doit être une tête avec des yeux, et ces yeux doivent regarder
  vers la souris en permanence.

- L'image doit disparaître si on clique dessus, pour les visiteurs ne
  supportant pas ces animations.

▲ Fig. 5.5 : *L'image suit le curseur. La souris à gauche ? Les yeux regardent
à gauche !*

▲ Fig. 5.6 : *La souris à droite ?*

Première étape : créer deux images

Vous allez devoir créer deux images de votre petite tête. Une avec les yeux qui regardent à droite, l'autre avec les yeux qui regardent à gauche.

Dans notre exemple, les images font 40 pixels sur 40 et se nomment :

- *regard_droite.gif* pour l'image qui regarde à droite ;
- *regard_gauche.gif* pour la seconde.

Si la simple idée de vous mettre 2 minutes devant votre logiciel graphique vous fait pousser des boutons, vous pouvez télécharger les images de notre exemple à cette adresse : `www.editeurjavascript.com/images/exemple/regard.zip`.

◄ Fig. 5.7 :
L'image regard_gauche.gif

◄ Fig. 5.8 :
L'image regard_droite.gif

Deuxième étape : placer l'image comme objet DHTML

Commençons par placer l'image :

```
<IMG SRC="regard_gauche.gif" BORDER=0 WIDTH=40 HEIGHT=40 HSPACE=0
VSPACE=0>
```

Bon, si vous êtes perdu ici, il va falloir vous remettre un petit peu au HTML !

Nous savons que l'image va devoir suivre la souris. Nous allons alors la placer entre des balises <DIV> et lui donner un ID. Ainsi, grâce au JavaScript, nous pourrons ensuite la piloter à notre guise. Dans notre exemple, l'ID sera teteteronde :

```
<DIV ID=teteronde style="position: absolute">
<IMG SRC="regard_gauche.gif" BORDER=0 WIDTH=40 HEIGHT=40 HSPACE=0
VSPACE=0>
</DIV>
```

Remarquez que nous avons rajouté un attribut style à notre balise <DIV> : nous précisons que la position de notre objet est absolue et non relative (qui est la valeur par défaut). Ainsi, notre image est placée sur la page comme un simple élément HTML. Elle se place par-dessus le document. Il est donc désormais possible de la faire bouger dans tous les sens.

Nous savons aussi que l'image va changer d'apparence (les yeux qui regardent la souris). Nous allons à un moment ou à un autre devoir changer sa propriété src. Nous devons donc lui donner un petit nom, grâce a l'attribut NAME de la balise <IMG>. Nous appellerons notre image tete :

```
<DIV ID=teteronde style="position: absolute">
<IMG SRC="regard_gauche.gif" BORDER=0 WIDTH=40 HEIGHT=40 HSPACE=0
VSPACE=0 NAME=tete>
</DIV>
```

Enfin, il est dit qu'un clic sur l'image la fait disparaître. Nous allons donc jouer avec l'attribut visibility dans notre objet :

```
<DIV ID=teteronde style="position: absolute">
<A HREF="#" onClick="anim=false;document.getElementById('teteronde')
➡ .style.visibility = 'hidden';return(false)">
<IMG SRC="regard_gauche.gif" BORDER=0 WIDTH=40 HEIGHT=40 HSPACE=0
VSPACE=0 NAME=tete>
</A>
</DIV>
```

Ainsi, au clic sur l'image, une variable anim (dont nous nous servirons plus tard) passe à false, et l'attribut visibility de notre image passe à 'hidden' ce qui a pour effet de la rendre invisible.

Enfin, pour ne pas afficher l'image sur les navigateurs anciens ou non compatibles, nous allons effectuer une détection :

```
<SCRIPT LANGUAGE=javascript>
if(document.getElementById)
{
document.write('<DIV ID=teteronde style="position: absolute">');
document.write('<A HREF="#"
onClick="anim=false;document.getElementById(\'teteronde\').style
➥ .visibility = \'hidden\';return(false)">');
document.write('<IMG SRC="regard_gauche.gif" BORDER=0
WIDTH=40 HEIGHT=0 VSPACE=0 NAME=tete>');
document.write('</A>');
document.write('</DIV>');
}
</SCRIPT>
```

Vous pouvez déjà tester le script sous cette forme : cliquez sur l'image, elle disparaît !

Troisième étape : détecter les mouvements de la souris

Nous voulons maintenant connaître à tout moment les coordonnées exactes de la souris. Voici le script que nous placerons entre les balises <HEAD> et </HEAD> de notre page :

```
var x = 0;
var y = 0;

if (document.getElementById)
{
if(navigator.appName.substring(0,3) == "Net")
document.captureEvents(Event.MOUSEMOVE);
document.onmousemove = Pos_Souris;
}

function Pos_Souris(e)
{
```

```
x = (navigator.appName.substring(0,3) == "Net") ? e.pageX :
event.x+document.body.scrollLeft;
y = (navigator.appName.substring(0,3) == "Net") ? e.pageY :
event.y+document.body.scrollTop;
}
```

Le résultat ? La variable x représente la distance en pixels entre le curseur et le bord gauche de l'écran, tandis que la variable y est la distance entre le curseur et le bord supérieur. Ces deux variables peuvent être interrogées à tout moment, car elles sont mises à jour dès que la souris bouge.

Mais revenons sur ce code :

```
var x = 0;
var y = 0;
```

Nous déclarons les variables x et y en leur donnant la valeur 0 :

```
if (document.getElementById)
{
if(navigator.appName.substring(0,3) == "Net")
document.captureEvents(Event.MOUSEMOVE);
document.onmousemove = Pos_Souris;
}
```

Ce sont ces instructions qui vont détecter le mouvement de la souris et, si un mouvement est enregistré, lancer la fonction Pos_Souris(). C'est cette fonction qui va calculer la position du pointeur :

```
function Pos_Souris(e)
{
x = (navigator.appName.substring(0,3) == "Net") ? e.pageX :
event.x+document.body.scrollLeft;
y = (navigator.appName.substring(0,3) == "Net") ? e.pageY :
event.y+document.body.scrollTop;
}
```

Et voilà ! Les variables x et y prennent comme valeurs les coordonnées de la souris. Il ne reste plus qu'à les exploiter ! Et c'est ce que nous allons faire tout de suite pour vérifier que tout se passe comme prévu. Dans la fonction Pos_Souris(), nous ajoutons une ligne temporaire (elle est là juste pour le test ; vous pourrez la supprimer, elle n'est d'aucune utilité pour le script) :

```
function Pos_Souris(e)
{
x = (navigator.appName.substring(0,3) == "Net") ? e.pageX :
event.x+document.body.scrollLeft;
y = (navigator.appName.substring(0,3) == "Net") ? e.pageY :
event.y+document.body.scrollTop;
window.status = "Coordonnées du pointeur : X:"+x+" Y:"+y;
}
```

Lancez votre page dans le navigateur, vous devriez voir dans la barre d'état les coordonnées du pointeur.

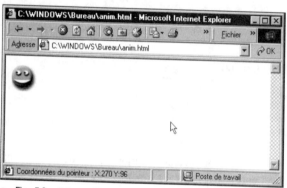

▲ Fig. 5.9 : *L'image dans le coin et les coordonnées du curseur dans la barre d'état*

Quatrième étape : déplacer l'image

Pour commencer, nous allons faire suivre le curseur par notre tête au pixel près. Pour cela, nous allons créer une fonction nommée Bouge_Image() qui placera l'image aux mêmes coordonnées que la souris. Cette fonction s'exécutera toutes les 15 millisecondes afin d'avoir un déplacement fluide. Mais, avant tout, nous déclarons les variables que nous allons utiliser. Nous placerons les instructions qui suivent juste après le code vu dans l'étape précédente :

```
posX = 0;
```

```
posY = 0;
anim = true;
```

posX et posY définiront les coordonnées en X et Y de notre image. La variable anim est fixée à true. Tant que c'est le cas, l'animation s'exécute. Si celle-ci passe à false (c'est le cas quand on clique sur l'image), l'animation s'arrête. Maintenant, voyons la fonction Bouge_Image() :

```
function Bouge_Image()
{
if (document.getElementById && anim)
{
posX = x;
posY = y;
document.getElementById("teteronde").style.top = posY;
document.getElementById("teteronde").style.left = posX;
tempo = setTimeout("Bouge_Image()", 15)
}
}
```

Nous détectons si le navigateur est compatible et si la variable anim est égale à true. Si c'est le cas, nous donnons comme valeurs aux variables posX et posY les coordonnées que nous avons définies plus haut dans le script.

Ensuite, nous passons à la propriété top de l'objet *teteronde* la valeur de posY. Ainsi, l'image va se placer en hauteur sur la page au même niveau que la souris. Nous répétons cette action avec posX, grâce à la propriété left. La tête sera alors exactement placée sous le curseur.

Enfin, nous définissons un *timeout* qui va avoir pour effet de rappeler la fonction Bouge_Image() dans 15 millisecondes et ainsi de la faire boucler.

Il ne reste plus qu'à lancer cette fonction au chargement de la page. Pour cela, nous allons ajouter une ligne dans le bloc d'instruction que nous avons créé dans l'étape précédente :

```
if (document.getElementById)
{
if(navigator.appName.substring(0,3) == "Net")
```

```
document.captureEvents(Event.MOUSEMOVE);
document.onmousemove = Pos_Souris;
window.onload=Bouge_Image;
}
```

Voilà ! Si vous testez le script tout de suite, vous vous apercevrez que notre tête est constamment sous la souris.

▲ Fig. 5.10 : *L'image reste sous le curseur en permanence*

C'est bien, mais ce n'est pas encore ce que nous voulons faire. Nous voulons non pas que l'image soit constamment collée au curseur, mais plutôt qu'elle le suive à sa vitesse.

Nous allons donc modifier notre fonction Bouge_image() et, en particulier, la relation entre x (la position du curseur) et posX (la position de l'image) et entre y et posY.

Pour faire en sorte que notre tête aille moins vite que le curseur, nous allons tout simplement diviser sa vitesse par 15 ! Ainsi les lignes :

```
posX = x;
posY = y;
```

deviennent :

```
posX = posX+(((x-posX)+20)/15);
posY = posY+(((y-posY)+20)/15);
```

Le +20 sert juste à décaler l'image de 20 pixels afin qu'elle ne soit jamais sous le curseur, ce qui rendrait le clic impossible.

Cinquième étape : les yeux qui regardent le curseur

C'est la dernière étape. Elle consiste juste à changer l'image en fonction de sa position. Pour la mettre en place, nous allons modifier, une fois de plus, la fonction Bouge_Image() pour y ajouter quelques lignes :

```
function Bouge_Image()
{
if (document.getElementById && anim)
{
posX = posX+(((x-posX)+20)/15);
posY = posY+(((y-posY)+20)/15);
if(posX<x)
document.tete.src='regard_droite.gif';
else
document.tete.src='regard_gauche.gif';
document.getElementById("teteronde").style.top = posY;
document.getElementById("teteronde").style.left = posX;
tempo = setTimeout("Bouge_Image()", 15)
}
}
```

Si la distance séparant le bord gauche de l'écran avec celui de l'image est plus petite que celle séparant ce même bord avec le curseur, alors, l'image est à gauche du curseur. On affiche donc la tête avec les yeux tournés vers la droite en modifiant la propriété src de l'image tete. Dans le cas inverse, on affiche la tête qui regarde dans l'autre sens.

Attention

Le chemin de l'image

Nous avons ici défini que notre image était dans le même répertoire que la page contenant le script. À vous ensuite de mettre le chemin qui vous convient, que ce soit dans la balise <IMG> ou dans ces lignes de JavaScript.

Et voilà, c'est fini !

Le script complet

```
<HTML>
<HEAD>
<TITLE>Exemple de scripts DHTML</TITLE>

<SCRIPT language="JavaScript">
var x = 0;
var y = 0;

if (document.getElementById)
{
if(navigator.appName.substring(0,3) == "Net")
document.captureEvents(Event.MOUSEMOVE);
document.onmousemove = Pos_Souris;
window.onload = Bouge_Image;
}

function Pos_Souris(e)
{
x = (navigator.appName.substring(0,3) == "Net") ? e.pageX :
event.x+document.body.scrollLeft;
y = (navigator.appName.substring(0,3) == "Net") ? e.pageY :
event.y+document.body.scrollTop;
}

posX = 0;
posY = 0;
anim = true;

function Bouge_Image()
{
if (document.getElementById && anim)
{
posX = posX+(((x-posX)+20)/15);
posY = posY+(((y-posY)+20)/15);
if(posX<x)
document.tete.src='regard_droite.gif';
else
document.tete.src='regard_gauche.gif';
document.getElementById("teteronde").style.top = posY;
document.getElementById("teteronde").style.left = posX;
tempo = setTimeout("Bouge_Image()", 15)
}
}
</SCRIPT>

</HEAD>
<BODY>
```

```
<SCRIPT LANGUAGE=javascript>
if(document.getElementById)
{
document.write('<DIV ID=teteronde style="position: absolute">');
document.write('<A HREF="#"
onClick="anim=false;document.getElementById(\'teteronde\').style
➥ .visibility = \'hidden\';return(false)">');
document.write('<IMG SRC="regard_gauche.gif" BORDER=0
WIDTH=40 HEIGHT=40 HSPACE=0 VSPACE=0 NAME=tete>');
document.write('</A>');
document.write('</DIV>');
}
</SCRIPT>

</BODY>
</HTML>
```

5.4 Afficher le détail d'un lien

Ce script est un peu le mélange entre les deux scripts que nous venons de voir. Il s'agit d'un effet bien sympathique qui consiste à afficher un petit cadre explicatif quand un lien est survolé. Notons que ce cadre doit apparaître à côté du curseur et le suivre si celui-ci se déplace.

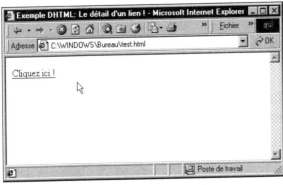

▲ Fig. 5.11 : *D'apparence, un lien bien banal...*

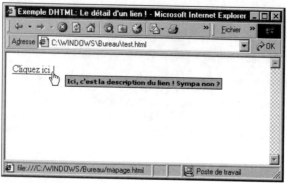

▲ Fig. 5.12 : *Eh bien, non !*

Première étape : placer le cadre de description dans la page

Que savons-nous à propos du cadre ? Il apparaît et disparaît, son contenu est modifiable et il doit être mobile (il s'affiche toujours à côté du curseur). Nous allons donc simplement placer des balises <DIV></DIV>, sans contenu, dont les attributs seront d'être invisibles et de positionnement absolu (pour pouvoir être déplacés). Voici donc le code HTML :

```
<DIV id=detail STYLE="position: absolute;visibility: hidden"></DIV>
```

Cette balise vient se placer juste après le tag <BODY> de votre page, pour être rapidement prise en compte.

Deuxième étape : déplacer notre cadre suivant les mouvements de la souris

Nous l'avons déjà vu dans le script précédent, nous allons donc tout d'abord reprendre le même code (à placer entre les balises <HEAD> et </HEAD>) :

```
var x = 0;
var y = 0;

if (document.getElementById)
```

```
{
if(navigator.appName.substring(0,3) == "Net")
document.captureEvents(Event.MOUSEMOVE);
document.onmousemove = Pos_Souris;
}

function Pos_Souris(e)
{
x = (navigator.appName.substring(0,3) == "Net") ? e.pageX :
event.x+document.body.scrollLeft;
y = (navigator.appName.substring(0,3) == "Net") ? e.pageY :
event.y+document.body.scrollTop;
}
```

Si vous avez un peu oublié comment fonctionne ce script, revenez quelques pages en arrière. À la fonction Pos_Souris(), nous allons juste ajouter quelques lignes pour que notre cadre detail suive le curseur au pixel près :

```
function Pos_Souris(e)
{
x = (navigator.appName.substring(0,3) == "Net") ? e.pageX :
event.x+document.body.scrollLeft;
y = (navigator.appName.substring(0,3) == "Net") ? e.pageY :
event.y+document.body.scrollTop;
document.getElementById("detail").style.left = x+20;
document.getElementById("detail").style.top = y;
}
```

Vous remarquerez que nous déplaçons simplement le cadre de quelques pixels (20 pour être précis) sur la droite par rapport à la position du pointeur pour ne pas gêner le clic. À ce stade, vous pouvez lancer le script dans votre navigateur. Vous y verrez le vide et l'invisible suivre la souris, c'est-à-dire pas grand-chose !

Troisième étape : créer une fonction pour faire apparaître et remplir le cadre de description

Ce n'est pas bien compliqué, nous l'avons déjà vu dans les script précédents. Il suffit :

■ de remplir notre cadre grâce à innerHTML ;

■ de l'afficher, en passant l'attribut visibility à visible.

Voici donc à quoi ressemble notre fonction, que nous appellerons
`affiche_description()` :

```
function affiche_description(msg)
{
var description ="<TABLE BORDER=0 CELLPADDING=0 CELLSPACING=0
BGCOLOR=#000000><TR><TD><TABLE WIDTH=100% BORDER=0 CELLPADDING=2
CELLSPACING=1><TR><TD BGCOLOR=#FFCC00><FONT COLOR=#000000 SIZE=1
face='Verdana'><CENTER><B>"+msg+"</B></CENTER></TD></TR></TABLE></TD>
➥ </TR></TABLE>";
if (document.getElementById)
{
document.getElementById("detail").innerHTML = description;
document.getElementById("detail").style.visibility = "visible";
}
}
```

La fonction accepte un paramètre, `msg`, qui sera en fait le texte à afficher.
Nous déclarons alors une variable nommée `description`, à laquelle nous
affectons le code HTML de notre cadre.

Nous vérifions ensuite que le navigateur est bien compatible. S'il l'est,
on affiche dans notre `<DIV ID=detail></DIV>` le contenu de la variable
`description`, grâce à la ligne `document.getElementById("detail")
.innerHTML = description;` puis nous rendons le tout visible, grâce
à l'instruction `document.getElementById("detail") .style.visi-
bility = "visible"`.

Il ne reste plus qu'à mettre, entre nos balises `<BODY>` et `</BODY>` le lien
à jour pour qu'il exécute la fonction au passage de la souris :

```
<A onMouseOver="affiche_description('Ici, c\'est la description du
lien ! Sympa non ?');" HREF="mapage.html">Cliquez ici !</A>
```

Quatrième étape : créer une fonction pour faire disparaître le cadre

À ce stade du programme, l'encart explicatif apparaît bien au passage de
la souris, mais ne disparaît pas. Nous allons donc créer une fonction
pour le rendre de nouveau invisible :

```
function efface_description()
```

```
{
if (document.getElementById)
{
document.getElementById("detail").innerHTML = "";
document.getElementById("detail").style.visibility = "hidden";
}
}
```

La fonction efface_description() ressemble beaucoup à la précédente.
On effectue la même détection de compatibilité, puis on vide le contenu
de notre node detail simplement en y écrivant une chaîne vide, avant de
le rendre invisible.

Il ne reste qu'à lancer la fonction lorsque le curseur quitte le lien :

```
<A onMouseOver="affiche_description('Ici, c\'est la description du
lien ! Sympa non ?');" onmouseout="efface_description()"
href="mapage.html">Cliquez ici !</A>
```

Et voilà ! Vous pouvez maintenant ajouter autant de liens que vous le
désirez, toujours en appelant nos deux fonctions.

Le script complet

```
<HTML>
<HEAD>
<TITLE>Détail de lien</TITLE>

<SCRIPT LANGUAGE="JavaScript">
var x = 0;
var y = 0;

if (document.getElementById)
{
if(navigator.appName.substring(0,3) == "Net")
document.captureEvents(Event.MOUSEMOVE);
document.onmousemove = Pos_Souris;
}
function Pos_Souris(e)
{
x = (navigator.appName.substring(0,3) == "Net") ? e.pageX :
event.x+document.body.scrollLeft;
y = (navigator.appName.substring(0,3) == "Net") ? e.pageY :
event.y+document.body.scrollTop;
```

```
document.getElementById("detail").style.left = x+20;
document.getElementById("detail").style.top = y;
}
function affiche_description(msg)
{
var description ="<TABLE BORDER=0 CELLPADDING=0 CELLSPACING=0
BGCOLOR=#000000><TR><TD><TABLE WIDTH=100% BORDER=0 CELLPADDING=2
CELLSPACING=1><TR><TD BGCOLOR=#FFCC00><FONT COLOR=#000000 SIZE=1
face='Verdana'><CENTER><B>"+msg+"</B></CENTER></TD></TR></TABLE></TD>
➥ </TR></TABLE>";
if (document.getElementById)
{
document.getElementById("detail").innerHTML = description;
document.getElementById("detail").style.visibility = "visible";
}
}
function efface_description()
{
if (document.getElementById)
{
document.getElementById("detail").innerHTML = "";
document.getElementById("detail").style.visibility = "hidden";
}
}
</SCRIPT>

</HEAD>
<BODY>

<DIV id=detail STYLE="position: absolute;visibility: hidden"></DIV>

<A onMouseOver="affiche_description('Ici, c\'est la description du
lien ! Sympa non ?');" onmouseout="efface_description()"
href="mapage.html">Cliquez ici !</A>

</BODY>
```

5.5   Une image qui se promène

Le script suivant est bien connu et particulièrement apprécié des webmasters, amateurs comme professionnels (par exemple, le moteur de
recherche Voila en use régulièrement). Une image est littéralement lancée
dans le navigateur, avec une certaine vitesse, et rebondit sur les bords de
l'écran, indéfiniment. Rien de tel pour attirer l'attention de l'internaute !

Tout d'abord, il faudra bien entendu préparer une image. Nous prendrons ici un Gif animé représentant un ballon de football en rotation, qui sera du meilleur effet.

Le principe du script est simple : on définit une zone <span> (ou <div>) contenant uniquement l'image à animer. Puis, grâce aux possibilités du JavaScript couplé au HTML 4.0, que nous avons vues auparavant, il nous sera facile de déplacer cette zone où bon nous semblera.

Définissons en premier lieu la zone qui s'animera :

```
<div id="ballon" style="position:absolute; left:0; top:0; width:60;
➡ height:60">
<img src="ballon.gif" border="0" width="60" height="60">
</div>
```

Nous la nommons ballon, elle sera ainsi facile à sélectionner, par la méthode getElementById(). Elle est définie comme absolute, car nous utiliserons les coordonnées absolues de l'écran. Pour l'instant, l'image sera située tout en haut, à gauche.

Initialisons maintenant les variables qui nous seront nécessaires, dans la balise <script> :

```
var ballWidth = 60;
var ballHeight = 60;
var BallSpeed = 10;

var xMax;
var yMax;
var xPos = 0;
var yPos = 0;
var xDir ='droite';
var yDir ='bas';
var newXDir;
var newYDir;
```

Pour ballWidth, ballHeight, pas besoin de vous faire un dessin : elles contiennent la largeur et la hauteur de l'image. BallSpeed correspond à la vitesse du ballon, plus exactement au nombre de pixels auquel se déplacera l'image à chaque mouvement. Il suffit donc d'augmenter ou de diminuer cette valeur pour accélérer ou ralentir le ballon.

xMax, yMax correspondent à la taille de la fenêtre actuelle. xPos, yPos enregistrent les coordonnées actuelles de l'image. Enfin, xDir, yDir, newXDir, newYDir servent à connaître la direction du ballon.

Lorsque la page est entièrement chargée, la fonction initializeBall() est appelée.

```
<body onLoad="initializeBall()";>
```

Cette fonction établit les paramètres par défaut du script et lance le ballon.

Pour savoir à quelle distance X et Y le ballon doit rebondir, il nous faut connaître la largeur actuelle de la fenêtre. Hélas, cette propriété n'est pas la même pour Internet Explorer et pour Netscape, nous devons donc établir un code qui attribuera les bonnes valeurs suivant le navigateur utilisé : c'est ce qu'on appelle le code *cross-browser*.

```
if (document.all) {
    xMax = document.body.clientWidth
    yMax = document.body.clientHeight
} else {
    xMax = window.innerWidth;
    yMax = window.innerHeight;
}
```

document.all est un objet n'existant que dans Internet Explorer. Donc, si document.all est vrai, alors, le navigateur est Internet Explorer, et nous connaissons la largeur et la hauteur de l'écran par document.body-.clientWidth et document.body.clientHeight. Dans l'autre cas, il s'agit de Netscape (ou d'un autre navigateur compatible), nous nous servons alors des objets de window : window.innerWidth et window.innerHeight.

Le *cross-browser* tend à disparaître, les standards naissant peu à peu. Mais, comme nous venons de le voir, il reste encore des séquelles de la guerre Microsoft-Netscape.

Dernière étape d'initializeBall() : lancer la fonction qui va bouger l'image, grâce à setTimeout :

```
setTimeout('moveBall()',400);
```

Ainsi, dans 400 millisecondes, le ballon s'élancera :

```
function moveBall() {
    calculatePosition();
    document.getElementById("ballon").style.left = xPos;
    document.getElementById("ballon").style.top = yPos;
    setTimeout('moveBall()',30);
}
```

À chaque appel de la fonction, on calcule la nouvelle position de l'image, grâce à calculatePosition(), que nous étudierons un peu plus tard.

Puis, une fois les nouvelles coordonnées xPos et yPos calculées, on bouge le <div>, en utilisant une formule que vous connaissez bien maintenant :

```
document.getElementById("ballon").style.left = xPos;
document.getElementById("ballon").style.top = yPos;
```

Puis nous indiquons à JavaScript qu'il faudra appeler à nouveau cette fonction dans 30 millisecondes :

```
setTimeout('moveBall()',30);
```

Nous avons choisi le nombre 30 en effectuant plusieurs tests, pour avoir une vitesse raisonnable. Vous pouvez bien entendu la changer à votre gré !

Dernière étape : la fonction calculatePosition().

L'image part, au début, vers la droite et le bas. Ainsi, à chaque nouveau calcul, nous ajoutons à ses coordonnées actuelles sa vitesse, pour qu'elle se retrouve encore un peu plus à droite et en bas.

Si jamais la balle atteint le coin droit, alors elle doit rebondir, c'est-à-dire que sa nouvelle direction sera "gauche" et qu'à chaque nouveau calcul nous enlèverons sa vitesse à sa coordonnée X. De même si elle rebondit vers le bas ou dans une autre des quatre directions.

```
function calculatePosition() {
    if (xDir == "droite") {
        if (xPos > (xMax - ballWidth - BallSpeed)) {
            xDir = "gauche";
        }
```

```
   }
   else if (xDir == "gauche") {
      if (xPos < (0 + BallSpeed)) {
         xDir = "droite";
      }
   }
   if (yDir == "bas") {
      if (yPos > (yMax - ballHeight - BallSpeed)) {
         yDir = "haut";
      }
   }
   else if (yDir == "haut") {
      if (yPos < (0 + BallSpeed)) {
         yDir = "bas";
      }
   }
   if (xDir == "droite") {
      xPos = xPos + BallSpeed;
   }
   else if (xDir == "gauche") {
      xPos = xPos - BallSpeed;
   }
   else {
      xPos = xPos;
   }
   if (yDir == "bas") {
      yPos = yPos + BallSpeed;
   }
   else if (yDir == "haut") {
      yPos = yPos - BallSpeed;
   }
   else {
      yPos = yPos;
   }
}
```

La fonction n'est donc qu'une suite de if...else correspondant à chacune des directions possibles et aux tests de rebond.

Pour savoir si une balle atteint le bord supérieur, rien de plus facile. Si yDir == "haut" et yPos est inférieur à (0+ballSpeed), alors la prochaine position sera négative ! Ce n'est pas possible, il faut donc faire rebondir la balle :

```
yDir = "bas";
```

Pour le rebond sur la gauche, c'est le même principe.

Pour le rebond sur la droite et sur le bas, la valeur à tester est différente ; il faut tester si la prochaine position sera supérieure à la largeur maximale de l'écran, moins la taille de la balle :

```
if (yPos > (yMax - ballHeight - BallSpeed)) {
        yDir = "haut";
}
```

Dernière subtilité : si l'internaute redimensionne la fenêtre, alors, les variables correspondant à la largeur et à la hauteur de l'écran sont obsolètes. Pas de problème, il suffit de recharger la page pour recommencer leur calcul :

```
<body onLoad="initializeBall()"; onResize="window.location.reload()">
```

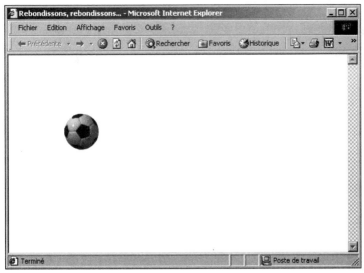

▲ Fig. 5.13 : *Le ballon s'élance*

▲ Fig. 5.14 : *Position 2*

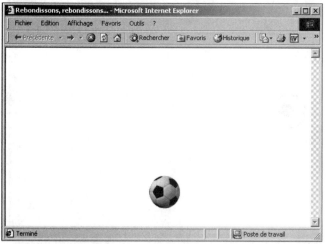

▲ Fig. 5.15 : *Position 3*

▲ Fig. 5.16 : *Position 4*

▲ Fig. 5.17 : *Position 5*

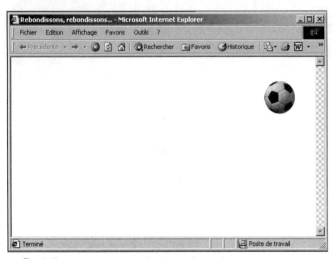

▲ Fig. 5.18 : *Notre script de rebond marche parfaitement*

Le script complet

```
<html></head>

<title>Rebondissons, rebondissons...</title>

<script language="JavaScript">

var ballWidth = 60;
var ballHeight = 60;
var BallSpeed = 10;

var xMax;
var yMax;
var xPos = 0;
var yPos = 0;
var xDir ='droite';
var yDir ='bas';
var newXDir;
var newYDir;


function moveBall() {
   calculatePosition();
```

```
   document.getElementById("ballon").style.left = xPos;
   document.getElementById("ballon").style.top = yPos;
   setTimeout('moveBall()',30);
}


function initializeBall() {
   if (document.all) {
      xMax = document.body.clientWidth
      yMax = document.body.clientHeight
   } else {
      xMax = window.innerWidth;
      yMax = window.innerHeight;
   }
   setTimeout('moveBall()',400);
}



function calculatePosition() {
   if (xDir == "droite") {
      if (xPos > (xMax - ballWidth - BallSpeed)) {
         xDir = "gauche";
         }
      }
   else if (xDir == "gauche") {
      if (xPos < (0 + BallSpeed)) {
         xDir = "droite";
         }
      }
   if (yDir == "bas") {
      if (yPos > (yMax - ballHeight - BallSpeed)) {
         yDir = "haut";
         }
      }
   else if (yDir == "haut") {
      if (yPos < (0 + BallSpeed)) {
         yDir = "bas";
         }
      }
   if (xDir == "droite") {
      xPos = xPos + BallSpeed;
      }
   else if (xDir == "gauche") {
      xPos = xPos - BallSpeed;
      }
   else {
      xPos = xPos;
      }
```

```
  if (yDir == "bas") {
      yPos = yPos + BallSpeed;
      }
  else if (yDir == "haut") {
      yPos = yPos - BallSpeed;
      }
  else {
      yPos = yPos;
      }
  }

</script>

</head>


<body onLoad="initializeBall()"; onResize="window.location.reload()">

<div id="ballon" style="position:absolute; left:0; top:0; width:60;
➥ height:60">
<img src="ballon.gif" border="0">
</div>

</body></html>
```

Ce n'était pas si compliqué, non ?

5.6   Menu dynamique

Voici sûrement le script le plus recherché sur Internet ! Il s'agit en effet de réaliser un menu dont les catégories s'ouvrent au passage de la souris. Maintenant que vous maîtrisez le DHTML, cela ne devrait plus vous poser de problème !

◄ Fig. 5.19 :
*Voilà à quoi cela
ressemble !*

Première étape : poser le problème

Avant de nous lancer dans le codage, réfléchissons bien à la façon dont nous allons construire notre menu.

1. La partie fixe sera un tableau HTML de base.

2. La partie affichant le sous-menu sera un tableau HTML placé au pixel sous la case du tableau de base auquel il correspond. Pour cette raison, le tableau fixe, comme le tableau mobile, devra être placé au pixel près, c'est-à-dire en position absolue.

3. Pour pouvoir faire "coller" les sous-menus avec les menus principaux, chaque case de ces derniers aura une largeur de 100 pixels.

4. Le menu étant affiché sur toutes les pages du site, il devra être placé dans un fichier externe, que nous appellerons *menu.js*.

Voici maintenant l'architecture de notre menu :

Tab. 5.1 : L'architecture du menu dynamique qui va nous servir d'exemple	
Menus	**Sous-menus**
Accueil	Page d'accueil
Mes passions	L'aquariophilie Le roller Cinéma Counter-Strike
Ma famille	Mon père Ma mère Ma sœur Mes cousins Mes grands-parents
Mes photos	Vacances à Madagascar Vacances à Punta Cana Mes 20 ans Séjour à La Plagne
Contacts	Contactez-moi

Nous avons donc cinq menus différents.

Nous allons donc commencer par placer sur une page qui va recevoir le menu dynamique les lignes suivantes :

```
<DIV id=cadremenu STYLE="position: absolute; visibility: hidden;
z-index:3"></DIV>
<SCRIPT LANGUAGE="JavaScript" SRC="menu.js"></SCRIPT>
```

Dans la première ligne nous plaçons grâce aux balises <DIV></DIV> un node. C'est dans celui-ci que sera écrit le sous-menu (celui qui affiche les liens). La seconde ligne indique à JavaScript de lire le fichier contenant le reste du script, c'est-à-dire *menu.js*.

Remarque

Pourquoi ne pas avoir placé le <DIV> dans le fichier menu.js ?

Tout simplement à cause d'un bug de Netscape. En effet, dans ce cas, Netscape ne reconnaît pas l'élément en question et le script ne fonctionne pas.

Ensuite, nous allons créer notre fichier *menu.js* et y placer nos variables de base (position du menu, couleurs des cellules...) :

```
posYmenu = 50;
posXmenu = 50
bgcolor='#FF9900';
bgcolor2='#FFCC00';
document.write('<style type="text/css">');
document.write('A:hover.menu {color:#FFFFFF; text-decoration:none;}')
document.write('A.menu {color:#FFFFFF; text-decoration:none;}')
document.write('</style>')
dom = document.getElementById;
if(dom)
document.getElementById("cadremenu").style.top = posYmenu+24;
```

La variable posYmenu définit la distance entre le bord supérieur de l'écran et le haut du menu.

La variable posXmenu définit la distance entre le bord gauche de l'écran et le côté gauche du menu.

La variable bgcolor correspond à la couleur du menu.

La variable bgcolor2 correspond à la couleur des cellules quand celles-ci sont survolées.

Nous écrivons ensuite dans la page HTML qui contiendra le script une feuille de style qui définit la couleur des liens du menu, que ce soit au repos ou au survol.

Nous donnons à la variable dom la valeur de document.getElementById. Ainsi, tester la compatibilité du navigateur sera plus rapide (un simple if(dom) suffira).

Enfin, si le navigateur est compatible, nous plaçons notre élément cadremenu à 24 pixels sous le haut du menu fixe.

Deuxième étape : Architecture des sous-menus dans un tableau JavaScript

Nous allons donc construire un tableau JavaScript nommé sousmenu dont chaque élément sera aussi un tableau. Vous allez mieux comprendre en voyant le script :

```
sousmenu = new Array;
sousmenu[0] = new Array;
sousmenu[1] = new Array;
sousmenu[2] = new Array;
sousmenu[3] = new Array;
sousmenu[4] = new Array;
sousmenu[0][0] = '<A HREF="index.html" CLASS=menu>Page
d\'accueil</A>';
sousmenu[1][0] = '<A HREF="passion/poisson.html"
CLASS=menu>L\'aquariophilie</A>';
sousmenu[1][1] = '<A HREF="passion/roller.html" CLASS=menu>Le
roller</A>';
sousmenu[1][2] = '<A HREF="passion/cinema.html"
CLASS=menu>Cinema</A>';
sousmenu[1][3] = '<A HREF="passion/counterstrike.html"
CLASS=menu>Counter-Strike</A>';
sousmenu[2][0] = '<A HREF="famille/pere.html" CLASS=menu>Mon
père</A>';
sousmenu[2][1] = '<A HREF="famille/mere.html" CLASS=menu>Ma
mère</A>';
```

```
sousmenu[2][2] = '<A HREF="famille/sœur.html" CLASS=menu>Ma
sœur</A>';
sousmenu[2][3] = '<A HREF="famille/cousins.html" CLASS=menu>Mes
cousins</A>';
sousmenu[2][4] = '<A HREF="famille/grandsparents.html" CLASS=menu>Mes
grands-parents</A>';
sousmenu[3][0] = '<A HREF="photos/madagascar.html"
CLASS=menu>Vacances à Madagascar</A>';
sousmenu[3][1] = '<A HREF="photos/puntacana.html" CLASS=menu>Vacances
à Punta Cana</A>';
sousmenu[3][2] = '<A HREF="photos/20ans.html" CLASS=menu>Mes
20 ans</A>';
sousmenu[3][3] = '<A HREF="photos/laplagne.html" CLASS=menu>Séjour à
la plagne</A>';
sousmenu[4][0] = '<A HREF="mailto:moi@monadresse.com"
CLASS=menu>Contactez-moi</A>';
```

Chaque élément du tableau sousmenu représente un menu.

Par exemple, sousmenu[0] représente le menu *Accueil*, sousmenu[1], *mes passions*, etc.

Ensuite, il suffit d'enregistrer tous les liens suivants ce mode :

Pour les sous-menus de *mes passions* (sousmenu[1]), le premier lien est placé dans sousmenu[1][0], le deuxième dans sousmenu[1][1] et ainsi de suite.

Troisième étape : créer une fonction pour afficher les sous-menus

Nous allons créer une fonction qui va nous permettre :

- de remplir le cadre de sous-menu avec les liens du menu auquel il correspond ;
- de rendre ce cadre visible.

Voici donc notre fonction :

```
function SousMenu(msg,pos)
{
if(dom)
{
document.getElementById("cadremenu").style.left = posXmenu+pos;
```

```
var content ="<TABLE BORDER=0 CELLPADDING=0 CELLSPACING=0
BGCOLOR=#000000 WIDTH=150><TR><TD><TABLE WIDTH=100% BORDER=0
CELLPADDING=0 CELLSPACING=1>";
for(pass=0;pass < msg.length;pass++)
{
content += "<TR><TD BGCOLOR="+bgcolor+"
onMouseOver=\"this.style.background='"+bgcolor2+"'\"
onMouseOut=\"this.style.background='"+bgcolor+"'\" HEIGHT=20><FONT
SIZE=1 FACE=\"Verdana\">  "+msg[pass]+"</FONT></TD></TR>";
}
content += "</TABLE></TD></TR></TABLE>";
document.getElementById("cadremenu").innerHTML = content;
document.getElementById("cadremenu").style.visibility = "visible";
}
}
```

La fonction SousMenu accepte deux paramètres :

Le premier, msg, correspond au tableau JavaScript du sous-menu. Par exemple, si nous voulons afficher les liens de *Mes passions*, nous passerons comme paramètre msg le tableau sousmenu[1].

Le second, pos, représente la position en pixels du sous-menu par rapport au bord gauche du menu fixe. Sachant que chaque cellule de notre menu fixe fera 100 pixels de large, si nous désirons afficher les liens de *Mes passions*, nous passerons en paramètre pos la valeur 100. Ainsi, le sous-menu correspondant sera placé au même niveau horizontal que le menu *Mes passions*.

Voyons maintenant chaque ligne en détail :

```
if(dom)
{
```

Vous devez commencer à connaître. Nous détectons si le navigateur est compatible. Si oui, les instructions placées entre les accolades sont exécutées.

```
document.getElementById("cadremenu").style.left = posXmenu+pos;
```

Nous plaçons le sous-menu en fonction du paramètre pos et de la position du menu principal. Ainsi, le sous-menu s'affiche juste en dessous du menu auquel il correspond.

```
var content ="<TABLE BORDER=0 CELLPADDING=0 CELLSPACING=0
BGCOLOR=#000000 WIDTH=150><TR><TD><TABLE WIDTH=100% BORDER=0
CELLPADDING=0 CELLSPACING=1>";
```

Nous passons comme valeur à la variable locale content un début de tableau HTML.

```
for(pass=0;pass < msg.length;pass++)
{
```

Nous lançons une boucle qui va s'exécuter autant de fois qu'il y a de liens enregistrés dans le tableau passé en paramètre msg.

```
content += "<TR><TD BGCOLOR="+bgcolor+"
onMouseOver=\"this.style.background='"+bgcolor2+"'\"
onMouseOut=\"this.style.background='"+bgcolor+"'\" HEIGHT=20><FONT
SIZE=1 FACE=\"Verdana\">  "+msg[pass]+"</FONT></TD></TR>";
```

Nous ajoutons à la variable content une ligne de tableau HTML contenant un lien. Remarquez le code JavaScript qui va changer la couleur de la cellule au passage de la souris.

```
}
```

Nous fermons notre boucle.

```
content += "</TABLE></TD></TR></TABLE>";
```

Nous ajoutons à la variable content les codes HTML qui vont fermer les tableaux.

```
document.getElementById("cadremenu").innerHTML = content;
```

Nous écrivons dans le node dont l'ID est cadremenu le contenu de la variable content.

```
document.getElementById("cadremenu").style.visibility = "visible";
```

Nous rendons ce node visible.

```
}
```

Nous fermons la déclaration de fonction.

Quatrième étape : créer le tableau contenant le menu principal

Nous allons placer notre tableau dans notre fichier *menu.js* pour faciliter les modifications futures :

```
if(dom)
{
document.write('<DIV STYLE="position:absolute; top:'+posYmenu+'px;
left:'+posXmenu+'px; z-index:10;"><TABLE BORDER=0 CELLPADDING=0
CELLSPACING=0 BGCOLOR=#000000 WIDTH=500><TR><TD><TABLE CELLPADDING=0
CELLSPACING=1 BORDER=0 WIDTH=100% HEIGHT=25><TR>')
document.write('<TD WIDTH=100 ALIGN=center BGCOLOR='+bgcolor+'
onMouseOver="this.style.background=\''+bgcolor2+'\';SousMenu
➥ (sousmenu[0],0)"
onMouseOut="this.style.background=\''+bgcolor+'\'"><A
CLASS=menu><FONT SIZE=1 FACE="Verdana">Accueil</FONT></a></TD>')
document.write('<TD WIDTH=100 ALIGN=center BGCOLOR='+bgcolor+'
onMouseOver="this.style.background=\''+bgcolor2+'\';SousMenu
➥ (sousmenu[1],100)"
onMouseOut="this.style.background=\''+bgcolor+'\'"><A
CLASS=menu><FONT SIZE=1 FACE="Verdana">Mes passions</FONT></a></TD>')
document.write('<TD WIDTH=100 ALIGN=center BGCOLOR='+bgcolor+'
onMouseOver="this.style.background=\''+bgcolor2+'\';SousMenu
➥ (sousmenu[2],200)"
onMouseOut="this.style.background=\''+bgcolor+'\'"><A
CLASS=menu><FONT SIZE=1 FACE="Verdana">Ma famille</FONT></a></TD>')
document.write('<TD WIDTH=100 ALIGN=center BGCOLOR='+bgcolor+'
onMouseOver="this.style.background=\''+bgcolor2+'\';SousMenu
➥ (sousmenu[3],300)"
onMouseOut="this.style.background=\''+bgcolor+'\'"><A
CLASS=menu><FONT SIZE=1 FACE="Verdana">Mes photos</FONT></a></TD>')
document.write('<TD WIDTH=100 ALIGN=center BGCOLOR='+bgcolor+'
onMouseOver="this.style.background=\''+bgcolor2+'\';SousMenu
➥ (sousmenu[4],400)"
onMouseOut="this.style.background=\''+bgcolor+'\'"><A
CLASS=menu><FONT SIZE=1 FACE="Verdana">Contacts</FONT></a></TD>')
document.write('</TR></TABLE></TD></TR></TABLE></DIV>')
}
```

Nous détectons donc d'abord si le navigateur est compatible. Si c'est le cas, nous écrivons le tableau. Celui-ci est contenu entre des balises <DIV> sans ID dans lesquelles nous définissons son style. La position est absolue, son placement sur la page est défini grâce aux variables que nous avons déclarées plus haut.

Chaque cellule de celui-ci a cette forme :

```
document.write('<TD WIDTH=100 ALIGN=center BGCOLOR='+bgcolor+'
onMouseOver="this.style.background=\''+bgcolor2+'\';SousMenu
➥ (sousmenu[0],0)"
onMouseOut="this.style.background=\''+bgcolor+'\'"><A
CLASS=menu><FONT SIZE=1 FACE="Verdana">Accueil</FONT></a></TD>')
```

Dans la balise <TD> nous passons :

- La largeur de 100 pixels (nous avons vu pourquoi plus haut).
- La couleur de fond (variable bgcolor).
- Une instruction JavaScript pour changer la couleur de la cellule et lancer la fonction SousMenu() avec les paramètres qui conviennent au passage de la souris sur cette même cellule.
- Une instruction JavaScript pour faire repasser la couleur de la cellule à sa couleur originale quand la souris ne la survole plus.
- L'intitulé du menu entouré de balises HTML <A CLASS=menu> et </A>. Ces balises ont pour utilité de donner au texte les attributs de couleurs et de formes prédéfinis plus haut dans le script, sans pour autant en faire des liens à part entière.

Dernière étape : effacer le sous-menu lors d'un clic sur le fond de la page

C'est très simple, nous créons une petite fonction qui va faire disparaître le sous-menu :

```
function KillFenetre()
{
if(dom)
document.getElementById("cadremenu").style.visibility = "hidden";
}
```

Et nous la lançons si un clic est détecté sur la page :

```
document.onclick = KillFenetre;
```

Et voilà, c'est prêt à être en ligne !

Le script complet

Dans toutes les pages, entre <BODY> et </BODY> :

```
<DIV id=cadremenu STYLE="position: absolute; visibility: hidden;
z-index:3"></DIV>
<SCRIPT LANGUAGE="JavaScript" SRC="menu.js"></SCRIPT>
```

Dans un fichier *menu.js* :

```
/*
DEFINITION DES VARIABLE DE BASE
*/
posXmenu = 50;
posYmenu = 50;
bgcolor='#FF9900';
bgcolor2='#FFCC00';


/*
LIENS
*/
sousmenu = new Array;
sousmenu[0] = new Array;
sousmenu[1] = new Array;
sousmenu[2] = new Array;
sousmenu[3] = new Array;
sousmenu[4] = new Array;
sousmenu[0][0] = '<A HREF="index.html" CLASS=menu>Page
d\'accueil</A>';
sousmenu[1][0] = '<A HREF="passion/poisson.html"
CLASS=menu>L\'aquariophilie</A>';
sousmenu[1][1] = '<A HREF="passion/roller.html" CLASS=menu>Le
roller</A>';
sousmenu[1][2] = '<A HREF="passion/cinema.html"
CLASS=menu>Cinema</A>';
sousmenu[1][3] = '<A HREF="passion/counterstrike.html"
CLASS=menu>Counter-Strike</A>';
sousmenu[2][0] = '<A HREF="famille/pere.html" CLASS=menu>Mon
père</A>';
sousmenu[2][1] = '<A HREF="famille/mere.html" CLASS=menu>Ma
mère</A>';
sousmenu[2][2] = '<A HREF="famille/sœur.html" CLASS=menu>Ma
sœur</A>';
sousmenu[2][3] = '<A HREF="famille/cousins.html" CLASS=menu>Mes
cousins</A>';
sousmenu[2][4] = '<A HREF="famille/grandsparents.html" CLASS=menu>Mes
grands-parents</A>';
sousmenu[3][0] = '<A HREF="photos/madagascar.html"
CLASS=menu>Vacances à Madagascar</A>';
sousmenu[3][1] = '<A HREF="photos/puntacana.html" CLASS=menu>Vacances
à Punta Cana</A>';
```

```
sousmenu[3][2] = '<A HREF="photos/20ans.html" CLASS=menu>Mes
20 ans</A>';
sousmenu[3][3] = '<A HREF="photos/laplagne.html" CLASS=menu>Séjour à
la plagne</A>';
sousmenu[4][0] = '<A HREF="mailto:moi@monadresse.com"
CLASS=menu>Contactez-moi</A>';

dom = document.getElementById;

/*
DEFINITION DU STYLE DES LIENS DU MENU
*/

document.write('<style type="text/css">');
document.write('A:hover.menu {color:#FFFFFF; text-decoration:none;}')
document.write('A.menu {color:#FFFFFF; text-decoration:none;}')
document.write('</style>')

/*
POSITIONNEMENT DU SOUS MENU
*/

if(dom)
document.getElementById("cadremenu").style.top = posYmenu+24;

/*
AFFICHAGE DES SOUS MENU
*/

function SousMenu(msg,pos)
{
if(dom)
{
document.getElementById("cadremenu").style.left = posXmenu+pos;
var content ="<TABLE BORDER=0 CELLPADDING=0 CELLSPACING=0
BGCOLOR=#000000 WIDTH=150><TR><TD><TABLE WIDTH=100% BORDER=0
CELLPADDING=0 CELLSPACING=1>";
for(pass=0;pass < msg.length;pass++)
{
content += "<TR><TD BGCOLOR="+bgcolor+"
onMouseOver=\"this.style.background='"+bgcolor2+"'\"
onMouseOut=\"this.style.background='"+bgcolor+"'\" HEIGHT=20><FONT
SIZE=1 FACE=\"Verdana\">  "+msg[pass]+"</FONT></TD></TR>";
}
content += "</TABLE></TD></TR></TABLE>";
document.getElementById("cadremenu").innerHTML = content;
document.getElementById("cadremenu").style.visibility = "visible";
}
}
```

```
/*
INVISIBILITE DES SOUS MENU
*/

function KillFenetre()
{
if(dom)
document.getElementById("cadremenu").style.visibility = "hidden";
}

document.onclick = KillFenetre;


/*
AFFICHAGE DU TABLEAU PRINCIPAL
*/

if(dom)
{
document.write('<DIV STYLE="position:absolute; top:'+posYmenu+'px;
left:'+posXmenu+'px; z-index:10;"><TABLE BORDER=0 CELLPADDING=0
CELLSPACING=0 BGCOLOR=#000000 WIDTH=500><TR><TD><TABLE CELLPADING=0
CELLSPACING=1 BORDER=0 WIDTH=100% HEIGHT=25><TR>')
document.write('<TD WIDTH=100 ALIGN=center BGCOLOR='+bgcolor+'
onMouseOver="this.style.background=\''+bgcolor2+'\';SousMenu
➡ (sousmenu[0],0)"
onMouseOut="this.style.background=\''+bgcolor+'\'"><A
CLASS=menu><FONT SIZE=1 FACE="Verdana">Accueil</FONT></a></TD>')
document.write('<TD WIDTH=100 ALIGN=center BGCOLOR='+bgcolor+'
onMouseOver="this.style.background=\''+bgcolor2+'\';SousMenu
➡ (sousmenu[1],100)"
onMouseOut="this.style.background=\''+bgcolor+'\'"><A
CLASS=menu><FONT SIZE=1 FACE="Verdana">Mes passions</FONT></a></TD>')
document.write('<TD WIDTH=100 ALIGN=center BGCOLOR='+bgcolor+'
onMouseOver="this.style.background=\''+bgcolor2+'\';SousMenu
➡ (sousmenu[2],200)"
onMouseOut="this.style.background=\''+bgcolor+'\'"><A
CLASS=menu><FONT SIZE=1 FACE="Verdana">Ma famille</FONT></a></TD>')
document.write('<TD WIDTH=100 ALIGN=center BGCOLOR='+bgcolor+'
onMouseOver="this.style.background=\''+bgcolor2+'\';SousMenu
➡ (sousmenu[3],300)"
onMouseOut="this.style.background=\''+bgcolor+'\'"><A
CLASS=menu><FONT SIZE=1 FACE="Verdana">Mes photos</FONT></a></TD>')
document.write('<TD WIDTH=100 ALIGN=center BGCOLOR='+bgcolor+'
onMouseOver="this.style.background=\''+bgcolor2+'\';SousMenu
➡ (sousmenu[4],400)"
onMouseOut="this.style.background=\''+bgcolor+'\'"><A
CLASS=menu><FONT SIZE=1 FACE="Verdana">Contacts</FONT></a></TD>')
document.write('</TR></TABLE></TD></TR></TABLE></DIV>')
}
```

Chapitre 6

Le JavaScript sur le Web

6.1 Banques de scripts 275

6.2 Liste de discussion 276

6.3 Forums 276

6.4 Usenet 276

Vous désirez approfondir vos connaissances sur le sujet ? Vous avez un problème de débogage dans un script que vous avez créé ? Voici donc des liens intéressants, pour les passionnés comme pour les autres.

6.1   Banques de scripts

Les banques de scripts sont des sites Internet contenant des tonnes de programmes prêts à être copiés pour votre site personnel. Véritables mines d'or, ils vous feront économiser des heures de développement, mais vous aideront également à connaître encore un peu mieux JavaScript et ses possibilités. Il existe de nombreuses banques de scripts, citons juste les plus importantes :

www.editeurjavascript.com

fr.shareware.yahoo.com/Developpement/Scripts_Javascript/

www.eurojava.com

www.javanett.ovh.org

javas.free.fr/index2.htm

www.script.free.fr

Il existe également de nombreux sites anglophones, parmi lesquels on trouve :

javascript.internet.com

www.webcoder.com

www.dynamicdrive.com

www.bratta.com

www.javascripts.com

www.javascript.com

6.2   Liste de discussion

Les listes de discussion entretiennent un dialogue par e-mail réunissant tous les inscrits. Les listes de discussion francophones sont peu nombreuses, mais on trouve tout de même :

`www.bdmi.net/listes`

`jsliste-subscribe@egroups.fr`

Et, bien sûr, les listes américaines, comprenant de très nombreux membres :

`www.obscure.org/javascript`

`www.netural.com/javascript`

Pour trouver d'autres listes de discussion, rendez-vous sur le site qui les regroupe toutes :

`www.egroups.fr`

6.3   Forums

Les forums sont des sites Internet de discussion sur un sujet précis ; parmi ceux-ci, on trouve :

`www.editeurjavascript.com/forum`

`www.swisstools.net/forum.asp?fid=2215`

`www.allhtml.com`

Et, dans la langue de Shakespeare :

`www.netspade.com/servlet/com.netspade.website.Forum`

6.4   Usenet

Si vous êtes un amateur des newsgroups et de usenet, voici les ressources existantes parlant de notre langage préféré ! Et si jamais vous ne connaissez pas le monde des newsgroups, rendez-vous vite sur les sites suivants, et pénétrez dans ce monde extraordinaire...

`www.foorum.fr`

`www.fdn.org/fdn/doc-misc/SavoirComm.html`

`www.news.voila.fr`

`www.usenet-fr.news.eu.org`

Hélas, mille fois hélas ! il n'existe pas de newsgroup français dédié au JavaScript. Une fois de plus, seuls les anglophones trouveront leur bonheur, avec les trois principaux groupes, qui sont :

`comp.lang.javascript`

`livesoftware.javascript.developer`

`livesoftware.javascript.examples`

Leur titre est assez évocateur pour n'avoir pas à expliquer longuement de quoi il retourne. Si jamais l'anglais n'est pas votre fort, vous pourrez tenter de vous exprimer en allemand ou en italien, grâce aux newsgroups ci-dessous :

`de.comp.lang.javascript`

`it.comp.lang.javascript`

Index

!

<DIV> 219
<SCRIPT> 20
<SPAN> 219

A

Action 72
Adresse
  Vérifier une adresse e-mail........... 132
Afficher 96
  la date de façon lisible............. 176
  la page en fonction du navigateur 153
  le détail d'un lien 245
  le temps restant jusqu'à une date..... 129
  les phases de la Lune............... 148
  les sous-menus..................... 264
  un texte au passage de la souris..... 231
Agrandir 111
Aléatoires
  Générer des nombres aléatoires 171
  Textes aléatoires.................. 126

Alert 59
AlinkColor 69
Annulation de la partie 141
AppVersion 53
Architecture des sous-menus dans un
tableau JavaScript 263
Arguments 47
Assignation
  Opérateurs d'assignation............ 36
Automatisme
  Maximiser la fenêtre
  automatiquement 111
AvailHeight 55
AvailWidth 55

B

Back() 59
Balise <SCRIPT> 20
Bannières
  Gestion de bannières............... 112
Banques de scripts 275
Barre de navigation 96

Bases du JavaScript 17
BgColor 69
Blur() 59, 74
Booléen 28
Boucle 42

C

Cadre
  Créer une fonction pour faire
  disparaître le cadre 248
  de description 247
Calcul
  Opérateurs de calcul................ 35
Caractères
  Chaîne de caractères................ 26
Classe
  Navigator 52

  screen............................. 55
  window 57
Clear
  Interval 183
  Timeout.......................... 185, 187
Click() 74
Close() 59
Code HTML 139
Colonne 33, 34
ColorDepth 55

Commentaire 23
Comparaison
    Opérateurs de comparaison............ 37
Compatibilité 91, 104, 112, 120,
                        127, 132, 138, 146
Concaténation
    Opérateurs de concaténation.......... 39
Conditionnelle
    Instruction conditionnelle if...else...... 39
    Instruction conditionnelle switch 40
    Structures conditionnelles............. 39
Confirm 60
Constantes 167
Cookie 188
CookieEnabled 53

Créer
    deux images........................ 236
    le tableau contenant le menu
    principal.......................... 267
    le tableau HTML.................... 232
    une fonction pour afficher les sous-
    menus 264
    une fonction pour écrire dans le
    <DIV></DIV> 233
    une fonction pour faire apparaître et
    remplir un cadre.................... 247
    une fonction pour faire disparaître le
    cadre 248
CSS 209
Curseur
    Image qui suit le curseur............ 235

D

Date 78, 175
    Affichage de la date de façon lisible.. 176
    Afficher le temps restant jusqu'à une
    date................................ 129
    Heure et date en images 120
    Méthodes 80
    Propriétés 79
Débogage 196
Déclarer 46
    un tableau.......................... 31
    une fonction........................ 46
    une variable........................ 26
DefaultStatus 57
Définition 25, 188
Déplacer
    l'image 240
    notre cadre suivant les mouvements
    de la souris 246
Description
    Cadre de description................ 246
Détail
    Afficher le détail d'un lien.......... 245
Détecter
    le survol d'un lien par la souris et
    lancer la fonction.................. 233

    les mouvements de la souris 238
    Navigateur......................... 153
DHTML 209
    et les applications graphiques 219
    Exemples de scripts DHTML 225
    Image comme objet DHTML 236
Différence 159
    entre fonction et méthode............ 46
    Internet Explorer et Netscape 4 159
Discussion
    Liste de discussion 276
Disparaître
    Créer une fonction pour faire
    disparaître le cadre 248
Document
    Objet Model 209
    .reload() 104
    .writeln 50
DOM 210
    Hiérarchie du DOM 210
    Méthodes et propriétés du DOM 217
Dynamique
    Menu dynamique................... 260

E

E-mail
  Vérifier une adresse e-mail.......... 132
ECMA 19
ECMAScript 19
Écran
  Largeur de l'écran................. 105
  Résolution d'écran................. 56
Écrire
  dans le <DIV></DIV>.............. 233
  dans une popup..................... 98
Effacer
  le score........................... 141
  le sous-menu lors d'un clic sur le
  fond de la page..................... 268
Élément
  Atteindre un élément 211
  Intégrer un événement à un élément
  de la page........................... 84

Modifier un élément................ 212
Enregistrement 33, 72
  d'un score 144
Erreur
  Messages d'erreur.................. 199
Essai 196
  Validation d'un essai 142
Événement 84, 199
  Intégrer un événement à un élément
  de la page........................... 84
  Liste des événements 85, 200
Exp 171
Explications 92, 104, 114, 127,
                         133, 147, 156
Exponentielles 171

F

False 28
Fenêtre
  Maximiser la fenêtre
  automatiquement 111
  Ouvrir une nouvelle fenêtre (popup)... 94
FgColor 70
FirstChild 213
Focus 59, 74
Fonction
  Déclaration d'une fonction........... 46
  Différence entre fonction et méthode .. 46

internes à Internet Explorer 163
internes à Netscape................. 160
Fond 46, 268
For 44
Forms 72
Formulaire 108
Forums 276
Forward() 60
Frame 58, 67, 68
Frameset 58
Function 47

G

Générer des nombres aléatoires 171
Gestion de bannières 112
Get
  ElementById....................... 212
  ElementsByTagName............... 211

Globale
  Variable globale.................... 28
Graphiques
  Applications graphiques 219

H

Height 55, 106
Heure 120
Hiérarchie du DOM 210
History
  .back()............................. 64
  .forward() 65

.go.............................. 65
Home() 60
Hostname 65
Href 66
HTML 139, 232

I

If...else 39
Image
  Créer deux images.................. 236
  Déplacer l'image 240
  Heure et date en images 120
  Placer l'image comme objet DHTML. 236
Implicite 57
Imprimer 62
Incrémentation 71
  Opérateurs d'incrémentation......... 37
Indexation 30
Initialisation du script 139
Instruction
  conditionnelle if...else............... 39

conditionnelle switch 40
for................................ 44
while 42
Intégrer un événement à un élément de
la page 84
Internes
  Fonctions internes à Internet
  Explorer 163
  Fonctions internes à Netscape........ 160
Internet Explorer 19, 163
  Différences Internet Explorer et
  Netscape 4......................... 159
  Fonctions internes à Internet
  Explorer 163

J

JavaScript 199
  Architecture des sous-menus dans un
  tableau JavaScript 263
  Bases du JavaScript................. 17

Fonctions et méthodes de JavaScript... 46
Limites de JavaScript............... 174
Méthodes de JavaScript.............. 50
sur le Web 273

L

Langage 53
Largeur de l'écran 105
LastModified 70
Length 33, 58, 64, 72
Lien
  Afficher le détail d'un lien........... 245
  Détecter le survol d'un lien par la
  souris et lancer la fonction.......... 233
Limites de JavaScript 174

LinkColor 70
Lisible
  Affichage de la date de façon lisible.. 176
Liste
  de discussion....................... 276
  des différents événements........... 200
  des événements..................... 85
LN10 167
LN2 167

Locale 49
    Variable locale 28
Location 58, 65
    .hostname 65
    .href 66
    .pathname 66
    .port 66
    .protocol 66

Log 171
LOG10E 167
LOG2E 167
Logarithmes 171
    et exponentielles 171
Logiques
    Opérateurs logiques............... 38
Longueur d'un tableau 33

M

Math 82, 166
    .random() 114
    Méthodes 82
    Propriétés 82
Maximiser la fenêtre automatiquement . 111
Menu
    dynamique......................... 260
    principal 267
Message d'erreur 199
Méthode 46, 50, 169
    de JavaScript..................... 50
    Différence entre fonction et méthode .. 46
    et propriétés du DOM 217
    Fonctions et méthodes de JavaScript... 46
    Math.............................. 82

Paramètres de la méthode
    window.open....................... 95
    String............................ 75
Mimetype 52
Minuterie 181
Modifier un élément 212
Mouvements
    Détecter les mouvements
    de la souris.................. 238, 246
Move
    By................................ 60
    To................................ 61
Multidimensionnels
    Tableaux multidimensionnels........ 33

N

Name 58
Navigateur
    Affichage de page en fonction du
    navigateur........................ 153
    Détection 153
Navigation
    Barre de navigation........... 96, 103
Navigator 52
Netscape 19, 160
    Différences Internet Explorer et
    Netscape 4........................ 159

Fonctions internes à Netscape........ 160
Next 64
NodeValue 213
Nombre
    Générer des nombres aléatoires 171
Notion d'objet 50
Nouvelle
    barre de navigation............... 103
    fenêtre........................... 94
Null 28

O

Objet
Date 78, 175
DHTML 236
Document Objet Model 209
Notion d'objet..................... 50
Math......................... 82, 166
String............................ 74
On
Change 87
Click............................ 62, 85
Focus............................. 87
Load.............................. 86
MouseOut.......................... 86

MouseOver......................... 86
Select............................ 88
Submit............................ 88
Unload............................ 86
Open 61, 94
Opérateurs 34
d'assignation 36
d'incrémentation.................. 37
de calcul 35
de comparaison.................... 37
de concaténation.................. 39
logiques.......................... 38
Ouvrir une nouvelle fenêtre 94

P

Page
Affichage de page en fonction du
navigateur........................ 153
Clic sur le fond de la page.......... 268
Intégrer un événement à un élément
de la page........................ 84
Placer le cadre de description dans la
page.............................. 246
Placer un script dans une page web.... 20
Paramètres 47
d'un cookie 188
de la méthode window.open.......... 95
Passage
Nombre de passages d'un visiteur.... 192
Pathname 66
PixelDepth 55
Placer
l'image comme objet DHTML 236
le cadre de description dans la page .. 246

un script dans une page web 20
Platform 53
Plug-in 52, 160
Popup 94
Port 66
Portée 48
d'une variable.................... 28
Poser le problème 261
Pow 171
Précédent 59
Previous 64
Print () 62
Prompt 62
Propriétés
Date 79
Math.......................... 82, 167
Méthodes et propriétés du DOM 217
Protocol 66

R

Rangée 34
Rappel 176
Recharger 66
Record() 144
Referrer 71
Reload() 66

Remplir le cadre de description 247
Répertoire 66
Replace() 67
Reset() 72
ResizeBy 63
ResizeTo 63

Résolution d'écran 56
Restriction 25

Rollover 91

S

Score
  Effacement du score................ 141
  Enregistrement d'un score 144
Screen 55
  .availHeight 111
  .availWidth......................... 111
Script ... 91, 103, 113, 121, 132, 146, 155,
                        230, 244, 269
  Banques de scripts.................. 275
  complet............................ 258
  DHTML............................. 225
  Initialisation du script.............. 139
  Placer un script dans une page web.... 20
Scroll
  By (x, y) 63
  To 63
Scroller 63
Set
  Attribute 89, 214
  Interval()........................... 181
  Timeout............................ 185
Souris
  Afficher un texte au passage de la
  souris.............................. 231

Déplacer notre cadre suivant les
mouvements de la souris............ 246
Détecter le survol d'un lien par la
souris et lancer la fonction.......... 233
Détecter les mouvements de la souris. 238
Sous-menu
  Architecture des sous-menus dans un
  tableau JavaScript 263
  Créer une fonction pour afficher les
  sous-menus 264
  Effacer le sous-menu lors d'un clic
  sur le fond de la page 268
SQRT12 167
SQRT2 167
Stop() 64
String 74
Structures 39
  conditionnelles 39
Submit() 72
Survol
  Détecter le survol d'un lien par la
  souris et lancer la fonction.......... 233
Switch
  Instruction conditionnelle switch 40

T

Tableau 30
  Architecture des sous-menus dans un
  tableau JavaScript 263
  Créer le tableau contenant le menu
  principal 267
  Créer le tableau HTML.............. 232
  Déclarer........................... 31
  Longueur d'un tableau.............. 33
  multidimensionnel 33

Target 72
Texte
  Afficher un texte au passage de la
  souris.............................. 231
  aléatoires........................... 126
Title 71
Trigonométrie 173
True 28
Types de variables 26

U

Undefined 31
Usenet 276
UserAgent 53
UserLangage 53

V

Valider
  un essai............................ 142
  Vérification avant validation du
  formulaire......................... 108
Value 72
Var 49
Variable 31, 48
  Comment déclarer une variable........ 26
  Différents types de variables 26

globale............................... 28
locale................................ 28
Portée d'une variable............. 28, 48
Vérifier 25
  avant validation du formulaire 108
  une adresse e-mail.................. 132
Version 19
VlinkColor 71

W

W3C 209
Web
  JavaScript sur le Web............... 273
  Placer un script dans une page web.... 20
While 42

Width 55, 106
Window 57
  .history............................ 64
  .open............................... 94

Z

Z-index 222

Aubin Imprimeur
LIGUGÉ, POITIERS

Achevé d'imprimer en mai 2001
N° d'impression L 61707
Dépôt légal mai 2001
Imprimé en France